U0902244

经济社会发展规划研究丛书之一

西部特色农业发展规划研究

——以西藏自治区为例

主　编　李　强

副主编　孙鸿宇　艾琦琪

骆　娟

华龄出版社

责任编辑：薛　治
责任印刷：李未圻

图书在版编目（CIP）数据

西部特色农业发展规划研究 / 李强主编. -- 北京 : 华龄出版社, 2018. 1
（经济社会发展规划研究）
ISBN 978 - 7 - 5169 - 1179 - 2

Ⅰ. ①西… Ⅱ. ①李… Ⅲ. ①特色农业 - 农业发展规划 - 研究 - 西北地区②特色农业 - 农业发展规划 - 研究 - 西南地区 Ⅳ. ①F327

中国版本图书馆 CIP 数据核字（2018）第 025138 号

书　　名：西部特色农业发展规划研究
作　　者：李　强　主编
出版发行：华龄出版社
印　　刷：北京市通州兴龙印刷厂
版　　次：2018 年 1 月第 1 版　2018 年 1 月第 1 次印刷
开　　本：710 × 1000　1/16　　印　张：16
字　　数：180 千字
定　　价：168 元（全三册）

地　　址：北京市朝阳区东大桥斜街 4 号　　邮　编：100020
电　　话：（010）58124218　　传　真：（010）58124204
网　　址：http：//www. hualingpress. com

前言

（一）

西藏独特的高寒自然生态资源与环境孕育了独特的高原特色农牧产业及其高原特色农牧产品。西藏农牧业和农牧区经济的快速发展是西藏实现跨越式发展与长治久安的基础，加大西藏高原特色农产品基地建设与规划力度，对切实增加农牧民收入，促进农牧业和农牧区经济更好更快发展，推进西藏加快经济发展方式转变，实现西藏地区经济社会跨越式发展和边疆地区的长期稳定具有十分重要的现实意义。基于此，我们选择了西藏农业发展——高原特色农产品基地建设规划研究这一重大课题。

研究表明：首先，立足点——“西藏高原特色农产品基地建设规划”的立足点应当是青稞、牦牛、藏系绵羊、蔬菜、马铃薯、奶牛等产业群；着力点应当是藏猪和藏鸡、藏药材和林下资源、绒山羊和皮毛绒文化旅游制品等产业群。由此构成西藏高原特色农牧业的基础产业和支柱产业。

其次，空间格局——“西藏高原特色农产品产业布局”的空间格局为“五带五园三圈三网一平台”。①“五带”（即五个产业带）：包括“藏中粮经饲、奶、绵羊、藏猪藏鸡复合产业带，藏东北牦牛产业带，藏西北绒山羊、绵羊产业带，藏东南藏猪藏鸡、藏药材和林下资源、干果产业带，城郊蔬菜产业带”。②“五园”（即五个产业加工园）：包括“拉萨农产品加工产业园、山南农产品加工产业园、日喀则农产品加工产业园、林芝农产品加工产业园、昌都农产品加工产业园”。③“三圈”（即三大农特旅游产品发展圈）：包括“藏中旅游圈、藏东南旅游圈、藏西北旅游圈”，在三条主要旅游圈沿线，建设一批农特旅游产品体验园。④“三网一平台”（即三级物流网和商务信息平台）：包括“供应物流、生产物流、销售物流”三级物流网及农产品电子商务信息平台。

第三，经济目标——“规划”提出了特色农牧产业到2020年达到的主要经济目标：粮食总产量稳定在100万吨以上（其中青稞70万吨）、肉类总产量达到32万吨、蔬菜总产量达到100万吨、奶类总产量达到42万吨，实现农林牧渔业总产值220亿元；特色农产品加工业总产值78亿元；特色农产品流通能力达到1.2万吨，实现总产值28亿元；农民人均纯收入达到17500元/年，西藏同全国人民一起建成小康社会。

第四，“55331”对策——“规划‘提出’55331”的发展思路、产业架构和实操层级，落实到自治区农牧业的工作抓手上，大体可以概括为“一产抓提升科技含量，落实惠民增收，二产抓扩大规模，做强产业，提质增效，三产抓商贸物流，打造互联平台，构建小康社会保障。”

（二）

本书共有11章。分别为：

第一章总则，包括规划背景、规划意义、规划范围和期限、规划依据。

第二章发展现状与形势，包括基本概况、发展成效与经验、发展机遇和有利条件、面临的困难与挑战。

第三章指导思想、目标与任务，包括指导思想、基本原则、规划目标、主要任务。

第四章重点产业选择、产业定位与发展方向，包括重点产业选择、产业定位、产业发展方向。

第五章产业基地规划，包括种植养殖基地规划、加工基地规划、商贸物流基地规划。

第六章支撑体系建设，包括特色农牧业基础设施体系、特色农牧业良种繁育体系、3 特色农牧业科技服务和推广体系、特色农牧业科技人才培养体系、5 特色农牧产品质量安全体系、特色农牧业新型经营体系、特色农牧业品牌体系。

第七章生态环境保护与节能减排，包括生态环境主要特征、存在的主要问题、保护与节能减排措施。

第八章社会稳定风险分析及评估，包括主要风险识别、风险评估、风险防范和化解措施、评价结论。

第九章投资估算与资金筹措，包括投资估算、资金来源、资金筹措与管理。

第十章效益分析，包括经济效益、社会效益、生态效益。

第十一章保障措施，包括加强领导、优惠政策、加大投入、创新机制、重视人才、完善法规。

本书是根据本人负责主持承担的项目课题《2015—2020 年西藏自治区高原特色农产品基地建设规》研究报告修改而成。本书由李强博士担任主编，由孙鸿宇、艾琦琪、骆娟担任副主编。本书在研究写作过程中，先后得到了国家农发办、农业部、发改委、国务院发展研究中心、发改委宏观经济研究院、国家行政学院、中国农科院、中国投资协会、西藏自治区发展改革委、西藏自治区财政厅、西藏自治区林业厅、西藏自治区扶贫办、西藏自治区农牧厅、北京国宏英杰国际咨询有限公司等单位以及钱克明、王欧、王征、徐小青、陈良玉、朱杰、崔薇、张伟、欧阳烨昕、李泓锦、孔胜、朱书平等领导、朋友、同事的大力支持，在此表示感谢。本书写作过程中参考借鉴了诸多文献资料，由于时间仓促，引用文献资源未能一一注明，敬请原谅。加之研究水平所限，书中错误疏漏在所难免，恳请各类领导、专家、读者批评指正。

作　者

2017 年 11 月 · 北京

目　录

第一章

总　则

Zongze

1.1 规划背景

西藏属于我国边疆民族自治地区，地处有“世界屋脊”之称的青藏高原核心区域，面积占到全国的1/8，是重要的国家安全屏障和生态安全屏障。由于特殊的自然地理生态环境与社会历史等原因使西藏经济社会发展较全国其他区域相对缓慢，西藏人民的生活水平如不能与全国人民同步达到小康，就会影响全国小康社会目标的整体实现。所以，西藏的经济社会发展与长治久安关系到我国边防稳固、民族团结及和谐社会构建的大局。

1.1.1 中央西藏工作会议明确了特色农牧业产业发展的目标和任务

2001年6月25~27日，中共中央、国务院在北京召开了中央第四次西藏工作座谈会。会上提出新世纪全面推进西藏工作的主要任务之一，是要紧紧抓住实施西部大开发战略和西藏社会局势基本稳定的良好机遇，促进西藏经济从加快发展到跨越式发展，促进西藏社会局势从基本稳定到长治久安。会议决定，考虑到西藏的特殊区情，西藏的重点建设项目资金主要由国家承担。开启了特色农牧业产业发展的序幕。

2010年1月，中共中央、国务院召开第五次西藏工作座谈会，出台了《关于推进西藏跨越式发展和长治久安的意见》，指出新时期西藏工作的指导思想："坚持走有中国特色、西藏特点的发展路子，以经济建设为中心，以民族团结为保障，以改善民生为出发点和落脚点，紧紧抓住发展和稳定两件大事，确保经济社会跨越式发展，确保国家安全和西藏长治久安，确保各族人民物质文化生活水平不断提高，确保生态环境良好，努力建设团结、民主、富裕、文明、和谐的社会主义新西藏。"提出西藏经济社会发展目标："推进西藏跨越式发展，要使西藏成为重要的国家安全屏障、重要的生态安全屏障、重要的战略资源储备基地、重要的高原特色农产品基地、重要的中华民族特色文化保护地、重要的世界旅游目的地。""到 2020 年，农牧民人均纯收入接近全国平均水平，……确保实现全面建设小康社会的奋斗目标。"明确了特色农牧业产业发展的目标和任务。

1.1.2 自治区党委、政府启动实施了高原特色农产品基地建设

自治区党委政府以科学发展观为指导，站在全区经济社会发展战略全局的高度，审时度势，及时调整农牧业工作方向和重点，把发展特色农牧业作为农牧业结构战略性调整的突破口，增加农牧民收入的主攻方向和建设社会主义新农村的切入点，编制了《西藏自治区农牧业特色产业发展规划》，于 2004 年正式启动实施。在实施过程中，自治区党委政府不断总结经验，在深入调查研究和科学论证的基础上，提出"一产上水平，二产抓重点、三产大发展"的经济发展战略，按照"优势区域、优势产业、优势资源、优先发展"的基本思路和"区域集中、规模做大、质量提升、效益提高"的总体要求，在全区范围内开展农牧业特色产业建设。

1.2 规划意义

西藏独特的高寒自然生态资源与环境孕育了独特的高原特色农牧产业及其高原特色农牧产品。西藏农牧业和农牧区经济的快速发展是西藏实现跨越式发展与长治久安的基础，开展西藏高原特色农产品基地建设，对切实增加农牧民收入，努力打造西藏特色农牧业产业，促进农牧业和农牧区经济更好、更快发展，推进西藏加快经济发展方式转变，实现西藏地区经济社会跨越式发展和边疆地区的长期稳定具有十分重要的现实意义。

1.2.1 是提高产业化水平、走“西藏特点”现代农牧业之路的必然选择

目前，西藏农牧业在产业发展过程中存在着一些亟待解决的问题，主要表现在：一是产业规模小，优势特色主导产业不突出，农牧业产业化项目实施各自为政，多头投入问题比较突出，相同产业同质异化。二是专业化、标准化生产程度不高，农牧产品生产粗放，生产方式落后，生产能力和产品品质不稳定，不能形成商品市场竞争优势。三是企业实力弱，产业链条短，精深加工能力不足，产品附加值低，难以形成知名品牌。四是农牧民组织程度低，农牧民专合组织建设质量不高，龙头企业与专合组织、农牧民的利益连接机制不健全，农牧民增收慢。

以特色农牧业先行，发展现代农牧业，应用现代科学技术、现代工业提供的生产资料和科学管理方法，以保障农产品供给，增加农民收入，促进可持续发展为目标，以提高劳动生产率，资源产出率和商品率为途径，在市场机制与政府调控的综合作用

下，农工贸紧密衔接，产加销融为一体，形成小农户大基地、小规模大群体的发展格局，实现小生产与大市场的有效对接，是探索发展具有西藏特色现代农牧业之路的有效形式和必然选择。

1.2.2 是发挥比较优势、提升农产品市场竞争力的客观要求

实行农产品区域化布局，形成优势产区和规模优势，是多数发达国家和国内发达地区增强农业竞争力、扩大农产品市场占有率的成功经验。加快发展特色优势产业，有利于把优势区域率先建成优质、高产、高效、安全、生态的名牌农产品生产基地、龙头企业原料供应基地、优势农产品出口基地和现代农业示范基地，实现规模化、专业化、标准化生产，形成较大的市场规模，节本增效，提高产品质量和档次，提升农产品整体竞争力和市场占有率。

青藏高原是世界高原地区生态上的“最后一块净土”，西藏资源特点奠定了其绿色有机农产品生产的独特优势，正好顺应了当前国内外农牧产品市场需求结构呈现多元化和优质化趋势。随着城乡居民收入的增长，人们对农畜产品的营养功能、保健功能和安全性等个性化特殊需求逐步增加，丰富多样的特色农产品备受市场青睐。西藏的牦牛肉、羊毛、羊绒、食用菌等是市场化、国际化水平都比较高的高价值特色农产品，是我国具有国际竞争力的知名品牌产品。

加快发展特色优势产业，做精做强西藏农牧业特色品牌系列产品，将高原特色资源优势转化为现实的特色产品竞争优势，对于扩大西藏特色品牌影响，实现农牧产业全面升级和打造高原特色农产品基地具有重要意义。

1.2.3 是优化资源配置、提高农牧业综合生产能力的重大举措

西藏是我国边疆民族自治地区，是重要的国家安全屏障，加快发展特色优势产业，在优势产区发展主导产品，有利于资源的合理配置，充分挖掘生产资料、品种、技术和物质装备等潜能，不断提高农业资源利用率、土地产出率和劳动生产率，增强农业综合生产能力，保障西藏农产品有效供给和粮食安全，意义重大。

1.2.4 是保护生态环境、实现西藏农牧业可持续发展的有效途径

西藏地处大陆高海拔地区，生态环境具有脆弱性和敏感性，是国家重要的生态安全屏障，农牧业的发展，必须以保护性开发为原则。加快发展特色优势产业，在重点区域重点发展，对自然资源的合理利用和保护，用现代农业生产方式和科学技术提质增效，优化农牧区生产生活面貌，坚持走清洁生产、循环经济的产业发展道路，保护生态环境，实现西藏农牧业可持续发展。

1.2.5 是消除贫困、实现共同富裕、建成全面小康社会的有效手段

习近平总书记高度重视扶贫开发工作，党的十八大以来多次深入贫困地区调研，就扶贫开发工作发表了一系列重要讲话，深刻阐明了新时期我国扶贫开发的重大理论和实际问题，形成了新时期我国扶贫开发战略思想。习总书记指出：“‘三农’工作是重中之重，革命老区、民族地区、边疆地区、贫困地区在‘三

农’工作中要把扶贫开发作为重中之重，这样才有重点。”提出了要改革创新扶贫开发体制机制特别是考核机制和科学扶贫、精准扶贫、内源扶贫等重大观点。

保持农民收入持续较快增长、努力缩小城乡差距、消除贫困、实现共同富裕、积极稳妥推进城镇化，建成全面小康社会是当前和今后一个时期自治区统筹城乡发展的重点。通过特色农产品产业基地建设，在优势区域培育具有竞争力的主导产业，可以有效促进一、二、三产融合发展，提升产业的综合效益，有效聚集土地、资金和人口等要素，有利于密切城乡联系，使农牧民更多的实现转移就业，推进城镇化，形成农牧民收入持续增长的长效机制。

1.3 规划范围和期限

1.3.1 规划范围

1. 区域范围

西藏自治区所辖1个地级市（拉萨市）和6个地区（昌都地区、林芝地区、山南地区、日喀则地区、那曲地区、阿里地区）的74个区县作为高原特色农产品基地建设规划的区域。

2. 产业范围

涵盖种养业、农产品加工业、商贸物流业全产业。

1.3.2 规划期限

规划期限为2015～2020年，共六年。

规划基期年为2013年，规划目标年为2020年。

2014 年实施的项目，在规划的项目设计中，不再重复。

1.4 规划依据

1.4.1 相关政策

（1）“中央第四次西藏工作座谈会精神”（2001 年 6 月）；

（2）“中央第五次西藏工作座谈会精神”（2010 年 1 月）；

（3）中共中央、国务院《关于推进西藏跨越式发展和长治久安的意见》（2010 年 2 月）；

（4）中共中央、国务院《关于加快发展现代农业 进一步增强农村发展活力的若干意见》（2013 年中央一号文件）；

（5）《西藏自治区关于加强农牧区环境保护工作的意见》（藏政发［2008］53 号）；

（6）《关于加快发展农牧民专业合作经济组织意见（试行）的通知》（藏政办发［2009］57 号）；

（7）《中共西藏自治区委员会 西藏自治区人民政府关于加强农业科技工作的意见》（藏党发［2012］8 号）；

（8）《中共西藏自治区委员会 西藏自治区人民政府关于加快牧区经济社会发展的若干意见》（藏党发［2012］16 号）；

（9）《西藏自治区人民政府关于加快农业机械化发展的意见》（藏政发［2012］74 号）；

（10）《关于加快推进现代农牧种业发展的意见》（藏政办发［2012］88 号）；

（11）《关于全面推进农村改革发展的意见》（藏党发［2014］2 号）；

(12)《中共西藏自治区委员会　西藏自治区人民政府印发“关于加快推进农牧业产业化的意见”》(藏党发［2014］9号);

(13)《研究西藏高原特色农产品基地规划编制事宜》(西藏自治区人民政府专题会议纪要［2014］38号);

(14)《西藏自治区人民政府关于做好“十三五”基本思路研究和规划编制工作的通知》(藏政发［2014］63号);

(15)《西藏自治区人民政府办公厅关于进一步加强规划环境影响评价工作的通知》(藏政办发［2014］66号);

(16)《西藏自治区人民政府办公厅转发农牧厅关于全区高标准农田建设实施方案的通知》(藏政发［2014］73号)。

1.4.2　相关规划

(1)《全国农村经济发展“十二五”规划》;

(2)《中国农村扶贫开发纲要(2011－2020)》;

(3)《全国现代农业发展规划(2011～2015年)》;

(4)《全国蔬菜产业发展规划(2011～2020年)》;

(5)《进一步推进国家现代农业示范区建设》;

(6)《全国特色经济林产业发展规划(2011～2020年)》;

(7)《特色农产品区域布局规划(2013～2020年)》;

(8)《中国扶贫开发区划》;

(9)《食品工业“十二五”发展规划》;

(10)《生物产业发展“十二五”规划》;

(11)《“十二五”商贸物流发展专项规划》;

(12)《全国高标准农田建设总体规划(2013～2020年)》;

(13)《全国牛羊肉生产发展规划(2013～2020年)》;

(14)《国家西部大开发“十二五”规划》;

（15）《科技助推西部地区转型发展行动计划（2013～2020年）》；

（16）《西藏自治区“十二五”时期国民经济和社会发展规划汇编》；

（17）《西藏自治区土地利用总体规划（2006～2020年）》；

（18）《西藏生态安全屏障保护与建设规划（2008～2030年）》。

1.4.3 相关研究成果

（1）《西藏自治区农业功能区划研究》（中国农业科学院农业资源与农业区划研究所、西藏自治区农牧厅）；

（2）《西藏高原特色农产品基地发展研究》（中国农业科学技术出版社）。

第二章

发展现状与形势

Fazhan Xianzhuang Yu Xingshi

2.1 基本概况

2.1.1 自然地理状况

1. 区位特点

西藏自治区位于祖国西南边陲，总面积 120.22 万平方公里，占国土面积的八分之一，北与新疆自治区和青海省毗邻，东与四川省相望，东南与云南省相连；与尼泊尔、不丹、印度、缅甸和克什米尔地区接壤，边境线全长近 4000 多公里，是通往南亚的门户。西藏现有川藏公路、滇藏公路、青藏公路、新藏公路、中尼公路五条国道、15 条省道和一条高速公路（机场高速），有 1 条已通车铁路（青藏铁路）和 3 条规划建设中铁路（拉萨至林芝、拉萨至日喀则、日喀则至亚东），有拉萨贡嘎机场、昌都邦达机场、林芝米林机场、阿里昆莎机场、日喀则和平机场五大民用机场。西藏交通条件日益改善，已形成铁路、航空、公路为一体的立体交通网络，通达性较好，但由于地处高原，生态环境脆弱、气候条件差、地形地质复杂，难保证常年畅通。

2. 地形地貌特点

西藏为喜马拉雅山脉、昆仑山脉和唐古拉山脉所环抱，是地球上海拔最高的地理单元，海拔在 4000 米以上的地区占全区土地总面积的 92%。地势由西北向东南倾斜，地形复杂多样，大致可分为喜玛拉雅山区，藏南山原湖盆谷地区，藏北高原湖盆区和藏东高山峡谷区。

3. 气候特征

西藏气候具有类型多，小气候资源丰富的特点。总体上西北严寒、东南温暖湿润，并呈现出有东南向西北的带状更替，即：亚热带—温暖带—温带—亚寒带—寒带；湿润—半湿润—半干旱—干旱；反映在植物上，依次为森林—灌木丛—草甸—草原—荒漠。

光能资源富足，是我国光照资源最充足的地区。太阳辐射总量在6000～8000MJ/m^{2}之间，各地年日照时数一般在2000小时以上，高者可达3300多个小时。

气温偏低，气温年较差小而日较差大。东南部年平均气温达18℃以上，大于0℃的积温可达7000℃左右；东部三江流域一带年平均气温8.8℃，大于0℃积温为3500℃左右；高原南缘年平均气温降至3～8℃，大于0℃积温1000℃左右；藏北高原年平均气温1.5～－2℃，大于0℃积温为1000～1500℃。

降水量少、蒸发量大、相对湿度小、干湿季节分明。绝大部分地区年降水量在500毫米以下，年降水量自藏东南的1600毫米以上逐渐向西北减少，到羌塘高原腹地年降水量在100毫米以下。全区年均蒸发量在2000毫米以上，相对湿度50%以下。干季与湿季非常明显，湿季雨量非常集中，占全年总降水量的90%左右。

多大风，西部地区风能资源丰富。大风主要集中出现在12月至次年5月，占全年大风总日数的75%左右，其中2～5月大风日数占全年大风总日数的50%左右。

多山、复杂的地形和多样的气候构成了丰富多彩的生态条件和种植制度，为综合发展高原特色农牧业和多种经营提供了有利的条件。

4. 水系水文

西藏河流众多，湖泊星罗棋布。境内流域面积大于 100 平方公里的河流数以千计；有大小湖泊 1500 多个，湖泊总面积为 24183 平方公里，约占全国湖泊总面积的三分之一。水源主要由雨水、冰雪融水和地下水三种补给形式组成，流量丰富，含沙量小，水质好，径流季节分配不均，年际变化小，水温偏低，冰情悬殊。

5. 土壤

西藏既拥有我国绝大部分山地森林土壤类型，又有我国乃至世界分布最集中、面积最大、类型最多的高山土壤类型。分布既有水平地带性的特点，又有垂直地带性的特点。

（1）土壤水平地带分布：从藏东南的察隅河谷到西部阿里高原，降水由多到少，温度由高到低，气候带由湿润、半湿润向半干旱、干旱过渡，依次分布着砖红壤、黄壤、黄棕壤地带—褐土、棕壤地带—山地灌丛草原土地带—亚高山草甸土、亚高山草原土地带—高山草原土、高山草甸土地带—高山寒漠土地带。

（2）土壤垂直地带分布：随着海拔高度的变化，水热条件和土壤带谱也发生相应变化。藏东南河流深切，山地与河谷高差悬殊，土壤带谱类型多达 5～8 个。藏西北地区，处于高原面上，山地和河谷高差小，土壤带谱比较单纯，一般只有 2～5 个土壤类型。

2.1.2　主要资源状况

1. 土地资源

至 2013 年底，全区耕地 349.58 万亩，其中旱地 347.72 万亩，水田1.86万亩。耕地有效灌溉面积260.34万亩，占耕地面积的74.47%；旱涝保收面积111.05万亩，占耕地面积的31.77%。西藏为全国五大牧区之一，草地面积居全国之首，现有天然草地12.31亿亩，占西藏国土面积的68.26%，草场灌溉面积710.69万亩。

2. 水资源

西藏水资源丰富，但时空和季节分布不均，农牧业生产工程性缺水比较严重，水资源利用潜力较大。全区水资源总量4482亿立方米（不含地下水），人均占有水量和耕地亩均占有水量均居全国首位。天然水能理论蕴藏量达2.01亿千瓦，占全国的30%，在全国各省、区中居首位。全区500千瓦以上电站可开发水能为5659.3万千瓦，年发电量3300亿度，占全国的17.1%，在全国各省市中居第三位。

3. 植物和动物资源

西藏是中国植物最富集的省区之一，几乎包含了北半球从热带到寒带的各种植物物种科属和生态类型，同时还保留了一部分古老的孑遗植物种群，是全球最丰富、最独特的野生植物宝库。目前已知的野生植物有6897种，隶属270多科、1510多属。其中，药用植物有1000多种；真菌880余种，其中大型经济真菌588种，占全国经济真菌的43.8%。松茸等食用菌415种，虫草、灵芝等药用菌238种。

西藏的陆栖脊椎动物计有730种，占全国的32.8%，其中有22种为西藏（青藏）高原特有种；特殊的裂腹鱼类的种类和数量均占世界裂腹鱼类的90%以上。陆生无脊椎动物昆虫有2307种，其中蝙蝠蛾类幼虫9种，其种类和群体数量是直接影响虫草产量的一个重要因素。

西藏有300余种植物、140余种动物被列入国家重点保护和《濒危野生动植物种国际贸易公约》（CITES）附录。藏羚羊数量占全世界整个种群数量的70%以上；黑颈鹤越冬数量占全世界的80%；野牦牛数量占全世界的78%。

4. 农牧业特色资源

（1）畜禽资源

高原畜禽是西藏最重要的农牧业特色资源之一，根据《中华人民共和国农业部公告2006年第662号》，西藏的帕里牦牛、藏系绵羊、绒山羊、藏猪、藏鸡等畜禽品种被列入“138个国家级畜禽品种资源保护名录”。

牦牛是青藏高原特有的家畜种类之一。目前全世界90%以上牦牛分布在我国西藏、青海、四川、内蒙古、甘肃等省区，其中西藏占全国牦牛总数的40%左右。牦牛在暖季具有强生长势和强度育肥性能，能充分利用很短的牧草生长期，把海拔3500以上其它畜种难以利用的光、水、草地等各种资源转化成乳、肉、皮等畜产品。

藏系绵羊主要分布在青藏高原一带，属粗毛羊中的一个地方原始品种，是绵羊中的重要品种资源。羊肉蛋白质含量高，肉嫩味美，膻味小；羊毛具有弹性大、拉力强和光泽度高的特点，是编织地毯的上等原料；成年羊皮厚实耐磨，保温性强，羔羊皮板薄、柔软，是制作皮衣的上等原料。

西藏的绒山羊，又称克什米尔山羊，是世代栖息、繁衍在高原特殊生态环境和粗放经营条件下并经过长期自然与人工选择而形成的一个古老的优良地方特色品种，因其血缘纯正、绒纤维细、毛囊密度大、单根纤维粗细最均匀四大特点而享誉国内外，是开发高附加值山羊绒产品的上等原料。

藏猪属世界上少有的高原型猪种，是我国宝贵的地方品种资源。藏猪因其瘦肉率高、皮薄、肌肉纤维细、肉质鲜美而被誉为"藏香猪"，广受消费者青睐。

藏鸡是高原地方鸡种。藏鸡肉、藏鸡蛋味道鲜美，营养价值丰富，具有明显的价格优势。

西藏没有专用奶牛品种，农区以黄牛产奶为主，牧区以牦牛作为乳、肉兼用品种。目前自治区以黄牛改良为重点，提高奶类生产能力。

西藏冷水鱼类资源丰富，其中20多种储量大、分布广、开发利用潜力大。自上世纪60年代发展捕捞后，销售量持续增长，并在人工繁殖和养殖方面取得进展，成功引进内地品种。

（2）种植业资源

特色种植业资源主要包括高原特色粮食作物、藏药材、林下资源、蔬菜、马铃薯、林果、茶叶等。

粮食作物方面主要有青稞、小麦和豆类，以青稞为主。青稞是西藏主要粮食品种，是制作糌粑、青稞面、青稞酒的原料。

西藏独特的地理环境孕育了丰富的药材资源，现有文献记载或藏医掌握的配方过万，已利用藏药处方开发成藏药、临床运用有300余个品种。

西藏林下资源丰富，仅食用菌就有400余种，药用菌138种。其中松茸分布范围广、市场需要量大，是林下资源发展的主力品种。

西藏蔬菜产业受特殊的地理自然环境和种植技术的影响，长期不能自给，近年来，西藏重点发展城郊蔬菜，因地制宜种植蔬菜，设施蔬菜纷纷在广大农区出现，培育出了岗德林、白朗、白定等优质蔬菜品牌。

西藏马铃薯地方品种种类较多，仅自治区农科所搜集整理的地方品种就有60余种，其中表现突出的有南木林县的“艾玛土豆”和贡嘎县的红土豆。“艾玛土豆”淀粉含量超出内地马铃薯平均水平7.14个百分点，被认定为自治区著名商标；“贡嘎红土豆”以果大、皮薄、风味独特著称，曾获国际农博会金奖，为地理标志产品。

西藏水果代表为桃、葡萄、苹果等喜温类果品，干果以核桃、花椒为主。主要水果品种具有个体大、着色好、含糖量等特点；核桃主要品种有酥油核桃、麻雀核桃、铁核桃等10余种，以其皮薄、个大、肉嫩、肉满、肉质香醇甜润而誉满高原；花椒具有颗粒硕大饱满、麻香浓郁、味道纯正的特点。

西藏茶叶主要品种为高山绿茶。由于茶叶宜种区终年云雾缭绕，日照少，漫射光多，雨量多，空气湿润，有利于茶叶内涵物质的积累。根据农业部茶叶品质检验中心检测，当地绿茶的茶水浸出物、茶多酚含量明显高于内地同类绿茶产品。

2.1.3 经济社会状况

1. 行政区划、人口及民族

西藏自治区现设6地1市，即：拉萨市、日喀则地区、山南地区、林芝地区、昌都地区、那曲地区、阿里地区；72个县，1个县级市，1个县级区；140个镇，543个乡。2013年末全区常住人口为312.04万人，比上年净增4.42万人。其中城镇人口73.99万人，占总人口的23.71%；乡村人口238.05万人，占总人口的76.29%。人口出生率为15.77‰，死亡率为5.39‰，自然增长率为10.38‰。

西藏自治区是全国藏族居民最集中的地区，占全国藏族人口的45%。除藏族外，还居住有门巴族、珞巴族、汉族、回族等民族以及夏尔巴人等。

2. 经济发展现状

2013年，实现全区生产总值（GDP）807.67亿元，按可比较计算，比上年增长12.1%。其中：第一产业86.82亿元，增长3.8%，第二产业292.92亿元，增长20.0%，第三产业427.93亿元，增长8.7%，人均地区生产总值26068元，增长10.5%。

在全区生产总值中，第一、二、三产业增加值所占比重分别为10.7%、36.3%、53.0%，与上年相比，第一产业比重下降0.8个百分点，第二产业提高1.9个百分点，第三产业下降0.9个百分点。

全年全社会完成固定资产投资918.48亿元，比上年增长29.4%。其中：农、林、牧、渔业投资完成30.62亿元，增长36.4%，占固定资产投资的3.33%。

全年完成地方财政收入110.40亿元，比上年增长15.4%，其中：公共财政预算收入95.02亿元，增长9.7%。

全区城镇居民人均可支配收入达20023元，比上年增长11.1%；农牧民人均纯收入6578元，增长15.0%。

表2-1　西藏2013年国民经济概览

指标	单位	2013年数值	比重
一、地区生产总值（GDP）	亿元	807.67	
其中：第一产业	亿元	86.82	10.7%
第二产业	亿元	292.92	36.3%
第三产业	亿元	427.93	53.0%
二、人均GDP	元	26068	
三、固定资产投资	亿元	918.48	

续表

指标	单位	2013 年数值	比重
其中：农林牧渔业投资	亿元	30.62	3.33%
四、地方财政收入	亿元	110.40	
其中：公共财政预算收入	亿元	95.02	86.07%
五、城镇居民人均可支配收入	元	20023	
六、农民人均纯收入	元	6578	

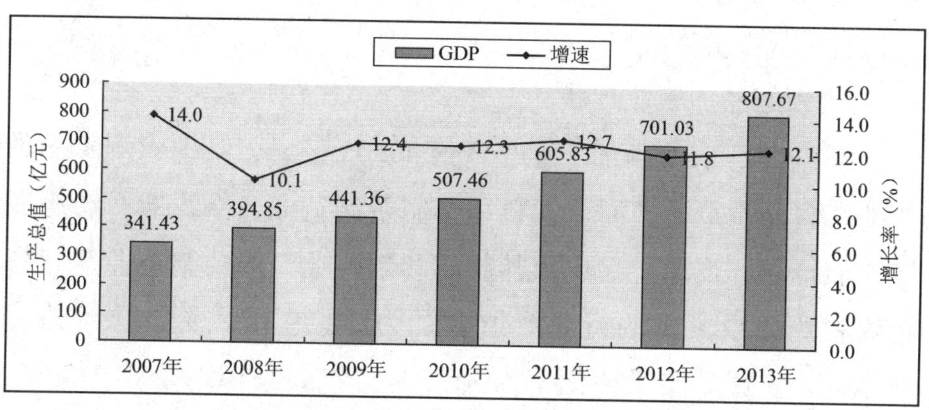

图 2－1　2007 年－2013 年全区生产总值及增长情况

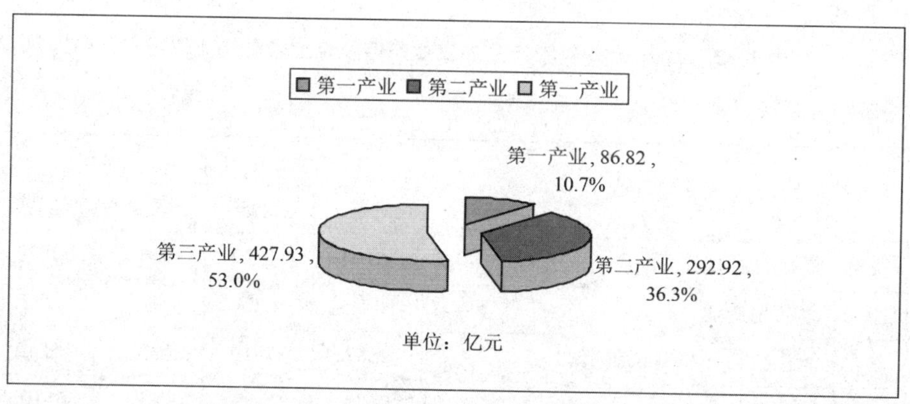

图 2－2　2013 年全区三个产业增加值情况

2.1.4 农牧业产业状况

1. 农林牧渔业现状

2013年，实现农林牧渔业总产值128.00亿元，同比增长8.17%。全年实现粮食总产量96.15万吨，增长1.3%，其中青稞产量65.66万吨，增长3.06%；蔬菜产量66.99万吨，增长2.2%；猪牛羊肉产量29.21万吨，增长0.9%；奶类产量32.52万吨，增长2.6%。

2. 农产品加工业现状

2013年，农产品加工业总产值40.02亿元，其中农副食品加工业，食品制造业，酒、饮料和精制茶制造业，纺织业，纺织服装、服饰业，皮革、毛皮及其制品和制鞋业，医药制造业等与特色农牧业关系紧密的行业产值合计为34.79亿元，占总产值的86.9%；农产品加工转化率为31.3%。农产品加工企业213家，其中与特色农牧业关系紧密的企业169家，占79.3%；年产值超过2000万元的规模以上企业23家，占总数的10.8%。

表2-2 西藏2013年农产品加工业产值及企业数量构成情况表

单位：万元、个、%

序号	行业	产值		企业	
		数量	比重	数量	比重
1	农副食品加工业	45194	11.29	66	30.99
2	食品制造业	16125	4.03	14	6.57
3	酒、饮料和精制茶制造业	148821	37.19	33	15.49
4	纺织业	8608	2.15	13	6.10
5	纺织服装、服饰业	2312	0.58	12	5.63
6	皮革、毛皮及其制品和制鞋业	1531	0.38	4	1.88

续表

序号	行业	产值		企业	
		数量	比重	数量	比重
7	医药制造业	125259	31.30	27	12.68
8	木材加工和木竹藤草制品业	11775	2.94	14	6.57
9	家具制造业	1844	0.46	14	6.57
10	造纸及纸制品业	11288	2.82	3	1.41
11	印刷业和记录媒介的复制	27402	6.85	13	6.10
	合计	400159	100.00	213	100.00

截止2013年，自治区有101家农业产业化龙头企业，其中：8家为国家级龙头企业，16家为自治区级龙头企业，77家为地市级龙头企业；有6家固定资产总额上亿元，3家是上市企业。全区初步形成了以特色资源为依托，以国家级、自治区级、地市级龙头企业为支撑的农产品加工发展格局。

2.2　发展成效与经验

2.2.1　发展成效

自2004年西藏启动农牧业特色产业建设以来，西藏农牧业特色产业得到不断发展，农牧民增收持续增长、生产生活条件得到不断改善，有力地推动了农牧业产业结构调整和升级，加快了农业产业化经营发展、科技推广步伐、农牧业特色产业标准化建设，对生态环境改善起到十分重要的作用。

1. 农牧民收入稳步增加，群众观念明显改变

特色农牧业产业经过10年的发展，牦牛、绵羊、藏猪、藏

鸡等一批高原特色农产品在区内外农产品市场占据一定份额，供不应求，取得了较好的经济效益。在保障和丰富自治区城乡居民消费需求的同时，农牧业特色产业已成为农牧民增收和就业的重要渠道。到2013年全区农牧业特色产业实现群众增收11.82亿元，受益群众达175.4万人，实现户均增收3263.1元，人均增收674元，年均增幅达22.26%，为促进全区农牧民增收作出了积极贡献。农牧业特色产业建设和发展正在促进农牧民专业合作经济不断发展壮大，农牧业产业化经营企业、农牧民专业合作社、种养大户、家庭农场等新型农牧业经营主体加快发展，成为农牧民增收和农牧业经济增长的重要载体。

2. 农牧业基础设施不断夯实，综合生产能力得到增强

2004年以来，自治区先后投入73亿多元，重点实施了天然草地保护与建设工程、动物防疫体系建设、优质青稞基地建设等重大农牧业基础设施建设项目。截至2013年底，累计建成牲畜圈舍及暖棚256.5万平方米，蔬菜大棚10020栋，旱涝保收农田111.05万亩，人工饲草料保留面积106万亩，进一步增强了农牧业综合生产能力，规模效益凸现，达到了“上规模”的要求。2013年全区实现农林牧渔业产值128.00亿元，比2004年增加了1倍多；粮食产量达到96.15万吨，连续15年保持在90万吨以上；蔬菜产量达到66.99万吨，比2004年分别增长了123.35%；牲畜存栏1948.31万头（只、匹），比2004年减少22.36%，优化了畜牧业结构，缓解了草畜矛盾；与此同时肉、奶产量分别达到29.21万吨和32.52万吨，分别比2004年增长40.30%、24.12%，确保了主要畜产品持续增产的态势。

3. 合理布局特色产业，建成一批带动辐射能力强的基地

农牧业特色产业布局更加合理，初步形成了藏东北牦牛、藏

西北绒山羊、藏中北绵羊、藏东南林下资源和藏药材、藏中优质粮饲奶、城郊优质蔬菜、藏中藏东藏猪藏鸡7个产业带。在各具特色的农牧业特色产业带中，建设了一批带动能力强、增收水平高的粮油、蔬菜、马铃薯、白绒山羊、藏猪、藏鸡、奶牛养殖、牛羊短期育肥等商品生产基地200余个。

4. 产业化水平显著提高，品牌建设取得成效

特色农牧产业催生了各类专业合作组织、农畜产品加工和销售企业的发展，形成了龙头企业和农牧民专合组织相互依存、相互促进、共同发展的良好局面。截至2013年，全区登记注册农牧民专业合作社达1850户，农牧民入社率达到17%；扶持产业化经营龙头企业101家，自治区级及以上龙头企业产值21.2亿元，农牧业产业化经营率36.5%。

品牌战略取得成效，培育出“波密”天麻、“艾玛岗”土豆、“雅砻源”藏鸡蛋、“岗巴”羊、“藏缘”青稞酒、“圣鹿”食用油、“高原之宝”牦牛奶、“帮锦镁朵”藏毯等具有西藏高原特色的著名品牌14个，认定地理标志农产品8个。

5. 农牧业标准化建设加快，农产品质量安全增强

自治区政府非常重视农产品生产与加工良好操作规范的实施，加强农牧业地方标准的制定工作，农牧业标准化生产技术应用步伐加快，提高了标准化生产覆盖率。建立起自治区、地市、县三级农产品质量安全监管检测体系，农畜产品农（兽）药残留检测水平逐步提高，农资打假工作不断深入，市场检疫监管工作不断规范，检疫监督力度不断加大，农产品质量安全得到进一步保障。目前，全区累计制订出台农牧业地方标准38个，认定无公害农产品基地22个，通过“三品”认证农产品105个，绿色食品认证35个。

6. 农牧业科技水平得到提升，农牧民科技素养有所提高

在农牧业特色产业项目实施中，始终坚持“科技是第一生产力”，通过提高科技对产业发展的贡献率提高产业整体水平，建立了农牧业科技成果转化基地 10 个。2013 年，自治区农牧业科技贡献率达 43%，比 2004 年提高 19 个百分点；农牧业科技成果的转化率达 30%。科技对特色产业发展的支撑作用日益明显。

种植业方面，已经选育和示范推广了一批优良品种，农作物良种覆盖率达 87%，其中青稞新品种选育取得重大突破，新品种“藏青 2000”正式通过审定。粮食单产由 2004 年的 356 公斤/亩增长至 2013 年的 365 公斤/亩，其中青稞单产由 2004 年的 340 公斤/亩增长至 2013 年的 353 公斤/亩；蔬菜产量由 2004 年的 1.32 吨/亩增长至 2013 年的 1.87 吨/亩。

养殖业方面，已经形成牦牛、奶牛、藏猪、藏鸡等优良种群，畜禽良种覆盖率达到 15%；全区改良黄牛存栏总数达 18.7 万头、改良绵羊达 94 万只，育成彭波半细毛羊新品种。

科技富民强县专项行动计划结合科技特派员工作，把现代科技知识传播到农牧区，推广优良品种、新技术，将技术指导与示范带动有机结合，提高了农牧民依靠科技增收致富的能力，农牧民培训力度不断加大，累计培训农牧民骨干 20 多万人次，农牧业实用技术普及培训 120 多万人次。

7. 配合了生态环境保护，促进了生态环境改善

坚持把草原生态环境的保护与建设作为西藏自治区农牧业特色产业生态环境保护工作的重点，按照“全面保护、合理利用、重点建设”的草原工作指导方针，大力开展以草原围栏封育、草地补播、灌溉施肥、鼠虫毒草害治理为主的天然草地综合治理工作和人工饲草基地建设；在牧区实施清洁能源替代工程。全区累

计实施退牧还草 7746 万亩，人工种草面积 130 万亩，完成农村户用沼气 20.18 万户。

2.2.2 发展经验

1. 政策及资金扶持是前提

1980 年以来中央相继召开的 5 次西藏工作座谈会，为举全国之力支援西藏做出了周密部署，从而助推西藏进入实现历史性跨越的快速发展轨道。从 2004 年至 2013 年，国家和自治区整合资金 30.37 亿元投入特色农牧业产业，并且通过多方宣传发动，鼓励和吸引民间资本，引导农村经济组织、农户和社会资金向特色农牧业产业领域聚集，高原农牧业特色经济实现了前所未有的大发展，壮大了特色农牧业产业化的基础。

2. 政府推动是关键

与发达地区相比，西藏广大农牧区经济基础薄弱，农牧民市场经济意识相对淡薄，生产生活的自然环境条件恶劣，这一特殊的区情决定了特色农牧业产业发展需要政府加以组织和引导。自治区各级政府高度重视特色农牧业产业发展，成立了产业发展协调领导小组，建立了项目组织管理机构，科学决策，指挥、督促、协调项目建设和管理各环节的工作。从农田水利、饲草料基地、暖棚、商贸物流等基础设施建设中，从规模化大棚蔬菜种植、牦牛与绵羊短期育肥、藏猪藏鸡规模化养殖、奶牛小区养殖等带动辐射强、效益好的项目发展过程中，不难看出：政府的组织和引导是不可缺少的。

3. 合理布局是实现产业“区域集中、规模做大”的基本方法

全区通过实施“区域集中、规模做大”的发展战略，在微观

层面上由县来引导“一乡一品”，成功建立一批特色农产品生产基地；在中观层面上由七个地市统筹将各县内的基地有机联片，建成七个特色农产品产业区块；在宏观层面上由自治区协调跨区域联结形成了藏东北牦牛、藏西北绒山羊、藏中北绵羊、藏东南林下资源和藏药材、藏中优质粮饲奶、城郊优质蔬菜、藏中藏东藏猪藏鸡等七个产业带；最终形成在产业要素集聚与扩散机制的作用下，发挥出显著的产业空间结构效益。项目区的人均产出、人均增收、投入产出比等多个指标均远远超过了项目区外的水平。

4. 发展壮大龙头企业是提升产业化效能的基本途径

分析青稞的完整产业链可以看出，龙头企业有拉萨啤酒、藏缘酒业、达热瓦酒业，基地有日喀则地区、山南地区和拉萨市大面积的优质品种种植基地，连接上万农户，最终实现了青稞 5 ~ 10 倍的升值。分析绒山羊养殖产业链，从养殖户到加工企业，羊毛加工成藏式挂毯地毯，升值 10 倍左右。因此，通过引进、扶持龙头企业，贯穿产、供、销过程，将农户、基地与市场有机联结，从而将产业中的各个环节组织起来，由此形成完整的产业链，是实现农牧产品附加值快速增长、提高产业化效能的基本途径。

5. 健全专合组织是发挥示范带动作用的基本手段

在农牧业特色产业发展中，农牧民专业合作经济组织的效能与项目带动农户数量、农户增收水平、项目完成率等存在明显的正相关性，那些带动能力强、辐射范围广的项目均有组织健全、制度规范、运行良好的专合组织在推动，例如岗德林蔬菜协会、圣吉雪奶牛养殖专业合作社、古荣藏鸡养殖协会等；相反，那些带动辐射不强、农户参与积极性不高、增收水平较低的项目，均是没有专合组织参与或专合组织形同虚设。

6. 科技服务是支撑

重点引进、研发、推广新品种、新技术，不断提高特色农产品科技含量、品质和生产能力，增强了农牧业特色产业与产品市场竞争力，构成特色农牧业产品稳定发展的科技基础。开展了形式多样、内容丰富的科技培训工作，形成了有特色产业项目的地方就有科技人员蹲点服务、现场指导的科技服务体系；选择了一批有一定文化程度、种养水平较高、农牧民群众公认、能够对一般农户起到辐射和带动的项目农户，通过政策扶持和技术指导，使其成为农牧业科技推广的重要载体，实现农牧业科技与农牧民需要紧密对接。

7. 机制创新是保障

西藏自治区经过十年摸索，建立了具有“西藏特点”的创新型特色农牧业产业发展机制。一是建立了可靠的组织领导保障制度。各级政府专门成立了农牧业基本建设项目领导小组，明确了主管领导的工作职责，加大了工作力度。二是建立了有效的资金投入保障制度。出台了《西藏自治区人民政府办公厅关于加强农牧业特色产业扶持资金滚动回收管理工作的意见》、《中国人民银行拉萨中心支行等部门关于进一步推进扶贫贴息贷款工作意见》等文件，采取政府引导、群众自愿、企业参与、信贷支持、统筹安排、分级管理、专款专用、滚动发展的办法使用管理，建立了资金投入长效机制。三是建立了严格的项目管理制度。制订了《西藏自治区农牧业特色产业项目管理办法》、《西藏自治区农牧业特色产业项目资金管理办法》、《农牧业重大项目管理办法》等，从项目立项审批到实施建设、从资金管理到质量管理、从建设管理到后续管理、从进度检查到竣工验收、从硬件建设到软件建设等方面均提出了明确具体的要求。四是建立了部门间的有机联动机制。为推动各部门间的协调配合，自治区通过整合涉农资金，形成了发改委统一规划、财政厅综合协调和农口部门大力配合的联动共促农牧业建设项目的良好氛围。五是坚持了“五个结合”。基地与优势农畜资源开发结合，基地建设与产业化经营结合，产业化经营与扶持龙头企业结合，扶持龙头企业与农牧民增收结合，农畜产品基地建设规划与全区主导产业发展规划和优势农畜产品区域布局规划结合，按照“突出主导产业、突出优势产品、突出优势产区，实现集中连片发展”的要求建设基地，推进了优势产品向优势产区集中，突出了主导产业和优势产品。

2.3 发展机遇和有利条件

2.3.1 具备良好的发展机遇

(1) 国家层面：一系列特殊优惠政策和扶持措施；对口支援，全国援藏的优势。

针对西藏的特殊地位，中央制定了《中共中央、国务院关于进一步做好西藏发展稳定工作的意见》等一系列特殊优惠政策和扶持措施，作出了全国支援西藏的重大决策，加快了援藏工作重心逐渐向“三农”转移和倾斜，为西藏“三农”事业发展带来了前所未有的良好机遇。中央第五次西藏工作会议出台的《支持西藏经济社会发展若干政策和重大项目意见》，进一步加大了全国支援的力度。随着政策的具体落实，国家在资金、项目、政策等方面，将有一系列优惠措施到位。这为西藏高原重要特色农产品基地建设提供了坚实的资金支持和政策保障。中央对口援藏工作的持续推进，不仅能够获得对口部委、省市和大型央企的资金支持，更提供了引进人才、技术，拓展观念、市场的机会。青藏铁路的开通，进一步密切了西藏与全国各地的经济联系，拓宽了农畜产品市场营销渠道，使西藏经济和农牧业进一步融入全国乃至国际大市场。对外开放力度的加大，紧密了对外交流、合作与开发，为西藏农牧业经济发展开辟了更加广阔的空间。总之，当前西藏农牧业发展正处于党中央重视、全国人民支援、全社会关注的良好氛围中。抓住这些机遇，用足用活相关政策，加快一批重大项目和基础设施建设，必能大大改善农牧业特色产业结构，拉动经济社会快速发展。

（2）自治区层面：科学地提出了“一产上水平，二产抓重点，三产大发展”的经济发展战略。

西藏自治区党委、政府认真贯彻中央决策和部署，科学地提出了“一产上水平，二产抓重点，三产大发展”的经济发展战略，为西藏“三农”工作指明了方向、定好了位、把好了脉。从自治区区情看，随着新型工业化和城镇化步伐的加快，地方财力的进一步增强，国民收入分配格局有条件更多地向农牧业和农村倾斜，各种资源有望更多地投向农牧业和农村领域，以工补农、以城带乡的力度不断加大。一方面为促进全区农村富余劳动力转移，破除城乡二元结构，推进城乡一体化发展，加快新农村建设提供了强劲动力，另一方面为全区改善农牧业基础条件、推进科技进步、完善社会化服务、强化生态环保、加快传统农牧业向现代农牧业转变提供了有力支撑。

2.3.2　具有独特的生态环境和气候条件

和其他省市相比，西藏自治区无论是大气环境、水环境还是土壤环境质量，都有着极其显著的优势。良好的生态环境是发展绿色、有机农产品的理想条件，“西藏生产”在全国、全世界都是代表食品安全的标志。独特的气候特点使农作物的生长期有所延长，同一种作物，在西藏种植与在内地种植，在营养成分及微量元素含量积累等方面存在差异，形成独有特色，对全区农牧业特色产业的分布和发展有很大作用，也为充分利用气候条件生产优质特色农产品和反季节农产品提供了可能性。良好的自然生态环境，独特的气候条件，孕育了特色鲜明的农畜产品，具有发展特色生态农牧业的明显优势和巨大潜力。

2.3.3 特色农产品资源多样性突出

多样的生态系统使西藏高原特色农产品资源非常丰富，主要高原特色农产品包括青稞产品系列、牦牛肉产品系列、羊绒精纺织品系列、特色农畜产品系列、特色植物油系列、特色饮料系列等，尤其是牦牛、藏猪、藏鸡（蛋）、野生核桃油、野生黑木耳等品质上乘的高原特色农产品在国内独具特色。丰富的资源为西藏特色农牧产业发展奠定了物质基础，不仅可以通过合理开发利用生物资源来提高人民的生活水平，而且具有通过自然选择和人工选育等现代科技手段、开发野生生物资源、打造新特色产业的巨大潜力。

2.3.4 特色农牧产业基础已初步形成

经过十年的建设，西藏自治区已经形成以青稞、牦牛、藏系绵羊、绒山羊、藏猪、藏鸡、藏药材、蔬菜、奶牛、马铃薯、林果等农产品为主的农牧特色产业带，建成了一批标准化产业基地，产业化程度明显提高，探索积累了特色产业发展带动、技术推广、规模效益等方面的有益经验，为实现打造“重要高原特色农产品基地”战略目标奠定了坚实基础，已具备现代农牧业的雏形。

2.3.5 较大的发展潜力

现阶段西藏资源利用率、土地产出率和劳动生产率与现代农牧业要求相比仍然偏低，不断提高农产品单产水平和质量水平的潜力较大。自治区农产品市场销售以初级农产品为主，加工精品品牌少，蕴藏着巨大的农产品品牌化精深加工增值潜力。西藏可凭借交通等基础设施的不断完善，通过积极加强农产品商贸物流配送能力建设，进一步拓展农牧产品的市场空间。随着社会经济的快速发展，生活水平不断提高，农牧民对优质、营养、安全食品健康消费意识迅速增强，追求低碳、生态、环保的生活方式与日俱增，将极大地促进西藏特色农牧业产业的经济、社会、生态、文化功能在更广的领域和更高的层次上协调发展。

2.3.6 具有与旅游经济融合发展的巨大优势

中央第五次西藏工作座谈会将西藏定位为重要的世界旅游目的地，西藏旅游业迎来重大发展机遇。把西藏高原特色农牧业产业与旅游业相结合，推动旅游商品基地的建设，推进旅游商品品牌化经营，推进乡村旅游与新农村建设的协调发展，加快旅游产业与农牧业特色产业的相互融合。旅游经济的快速发展也将为特色农产品基地建设奠定丰厚的市场基础，借助旅游资源优势，农牧业特色产业与旅游产业结合起来，协同发展。

2.4 面临的困难与挑战

2.4.1 资源空间不足，发展规模受约束

自治区耕地面积小，要优先保障粮食安全，粮经饲种植结构调整难度大；天然草场面积虽然大，但由于生态环境脆弱，可利用率较低，草原畜牧业发展受限，商品率低。每一种农牧产品的适宜区域与产出量都较小，难以形成规模化产出优势。受产量、规模限制，特色农产品满足不了企业加工原料需求和市场需求，造成不少特色农产品只有礼品而缺少商品。

2.4.2 基础设施落后，防抗灾能力弱

农田灌溉设施不配套，灌溉水有效利用系数低，中低产田比重大，全区旱涝保收农田面积仅占农作物播种面积的30.11%；天然草场围栏面积不足可利用草场面积的10%，可灌溉草场面积不足1%，人工饲草料基地建设不足；高寒牧区棚圈建设滞后，农牧民因灾损失严重。

2.4.3 产业链条短，产业化程度低

西藏特色农牧业产业起步晚，规模小、链条短，加工转换能力弱，大部分特色农畜产品停留在出售原料和初级加工阶段。农产品生产体系、加工体系、市场体系缺乏有机联系，造成特色产品市场竞争力不强，附加值低。龙头企业数量不足、实力弱，品牌战略及产业效益不突出；农牧民组织化程度不够，专业合作组织管理不规范，市场开拓能力不强；企业与农牧民的利益联结不

紧，带动作用不够明显，产加销一体化经营程度低。

2.4.4 市场发育不全，社会服务体系落后

受传统的生活、生产观念影响，农牧民商品意识淡薄，缺乏市场经济观念，农产品流通转化渠道有限。以信息化、电子商务和网络技术为特征的现代商贸物流体系尚未形成，原料供给、生产加工和产品终端市场供求信息不对称，限制了农牧区农畜产品的流通，市场对特色产业的引导作用发挥不够。社会性的中介服务组织发展滞后，尤其是信息技术、金融市场、工程咨询设计和中介组织机构等现代服务体系落后，难以适应西藏特色资源转化为特色产业的发展需求。

2.4.5 科技服务体系建设滞后，科技创新和转化能力不足

全区农牧业科技人才匮乏，农牧业科技服务体系基层薄弱。多数地、县级农技推广部门技术专业科技人员少，高学历高层次的技术人员更少，特别是基层畜牧兽医技术工作强度大、条件艰苦、待遇低，队伍在不断萎缩，青黄不接。全区平均每一名农业技术干部承担的耕地面积达3000亩，每一名畜牧兽医技术人员服务的牲畜数量达4000头（只匹）。

全区科技创新能力弱，科技成果应用转化慢。目前，自治区农牧业科技贡献率为43.7%，比全国平均水平低11.5个百分点，严重制约了农牧业现代化发展进程。

2.4.6 农牧民文化素质和劳动技能较低，增收困难

由于特殊的历史环境及文化教育事业发展滞后等原因，农牧

民受教育年限短，接受和掌握先进农牧业技术的难度大，不适应传统农牧业向现代农牧业转变的要求。在传统的农牧生产方式下，农牧区不少地方农牧民满足于自然经济下的生活方式，缺乏合作意识，经济专合组织建设难度大，生产以自给自足为基本目标，所能提供的农产品商品量有限，农牧业生产效益差，农牧民收入低。2013 年全区农牧民人均纯收入 6578 元，仅相当于全国平均水平的 73.94%，绝对数相差 2318 元。要实现“到 2020 年我区农牧民人均纯收入要接近全国平均水平”的目标压力很大。

2.4.7 特色产业项目运行长效机制尚未建全

特色产业实施已十年，取得了显著的成效，但存在着一些亟待解决的问题，主要表现在：部分地区存在重建设、轻管理，重投资、轻效益，重眼前、轻长远的现象；部门间缺少沟通与合作，生产、科研与推广及市场开发与经营管理工作结合不紧密，造成人、财、物资源的分散和浪费；项目实施各自为政，多头投入的问题比较突出；对于项目实施过程中暴露出的问题，缺乏引导和有效监管；对于项目实施后产生的效益缺乏有效的、长期的动态监测；对于特色产业项目的绩效评估，缺乏科学的、可行的评价体系。

第三章

指导思想、目标与任务

Zhidao Sixiang Mubiao Yu Renwu

3.1 指导思想

全面贯彻落实中央第五次西藏工作座谈会和十八大、十八届三中全会精神，深入贯彻落实习近平总书记“治国必治边、治边先稳藏”和俞正声主席“依法治藏、长期治藏，争取人心、夯实基础”的重要指示要求，坚持走有“中国特色、西藏特点”的发展路子。

立足西藏特有的高原农牧业资源和条件，在确保生态良好的基础上，以保障主要农产品有效供给和促进农牧民持续较快增收为核心，以转变农牧业发展方式、加快建设现代农牧业为主线，以提高农牧业综合生产能力、市场竞争能力和可持续发展能力为主攻方向，突出发展具有区域特色和优势的主导产业，着力优化产业结构和布局，强化基础设施，推进农牧业生产经营专业化、标准化、规模化和集约化建设，坚持着眼当前与谋划长远相结合，经济发展与资源环境保护和社会发展进步相协调，构建现代农牧业产业体系，探索西藏特色农牧业向纵深发展的道路与模式，努力把西藏建设成为重要的高原特色农产品基地，确保到2020年实现全面建成小康社会的奋斗目标。

3.2 基本原则

3.2.1 因地制宜、突出特色原则

紧密结合自治区各特色产业发展阶段和水平，从各地区自然地理社会经济等实际情况出发，充分考虑资源、环境、市场、潜力和发展基础等要素，认真分析产业与区域结合过程的优势和劣势、机遇和风险等因素，依托西藏特有高原气候、特有的生态环境、特有的农牧资源和特有的宗教文化，充分发挥区域间的差异化优势，进一步优化特色农牧业产业基地布局，实现全区农牧业特色化发展。

3.2.2 统筹兼顾，整体构建原则

立足自治区农产品生产和加工优势产业区，实现区域集中、要素集合和产业集聚，促进产业提升，使优势区域资源禀赋与优势品种布局相匹配，优势区域种养业与加工、流通等环节相衔接，主导产业发展与社会化服务体系相协调，形成完整的产业链。加快农畜产品生产、加工、流通一体化进程，坚持产业整体构建，统筹兼顾，协调推进，分层次分重点有序发展，切实发挥规划和政策的引导、调控作用，在产业链的上中下游统筹利用财政资金、中央援藏项目、驻村工作组等各类资源，努力形成推动西藏特色农牧业产业建设的长效机制。

3.2.3 市场导向、品牌引领原则

以市场需求为导向，研究发展特色农牧产品的战略措施，增

强品牌意识，提质增效区内市场，拓宽高端区外市场。努力提高特色农产品的品牌含金量，以雪域高原的纯净和独特为品牌旗帜，通过对西藏高原特色农牧资源品种的保护开发和农产品精深加工潜力的挖掘，打造精品系列产品，提升特色农产品品牌的知名度、美誉度，增强特色农产品的市场竞争力。

3.2.4　科技支撑、项目带动原则

加强科技支撑体系建设，以科技为先导、人才为核心，加强新技术新品种引进、吸收和研发，用现代农牧业科技装备农牧业产业化各环节，建立完善农产品质量安全标准和检测监督体系，推动标准化生产，鼓励龙头企业提高科技含量，提升特色农牧业产业整体水平。通过项目带动，打造规模化、集约化、现代化的特色农牧业产业基地，把农牧产品的生产、加工、销售等环节连成一体，打造西藏特色农牧业拳头品牌产品。

3.2.5　结构调整、提质增效原则

坚持加快推进自治区农牧业产品结构和产业结构战略性调整和升级，确保自治区农牧业和社会经济协调可持续发展。建立资源的投入产出机制，按照最优化原则进行配置，使特色农牧业各种生产要素达到最大化的投入产出效益，提高农牧业生产效率和质量水平，实现农牧业增效。

3.2.6　产业带动、强农富民原则

用现代农业理念带动和发展自治区农牧产业，大力培育龙头企业、专合组织、种养大户和家庭农场，形成带动特色农牧业发展的强大动力，做大、做强优势产业。建立、健全龙头企业、专

合组织与农牧民之间紧密的利益连接机制，形成发展的共同体，确保企业健康发展，农牧民增收获益。

3.2.7 生态环保、科学发展原则

坚持将特色农牧业产业基地建设与生态安全屏障保护紧密衔接，以西藏农牧业区划为依据，科学规划生产建设布局，发展与保护并重。合理利用资源，控制草原载畜量，改善生产方式，大力推进生态农业和循环经济，在产业发展和项目选择上坚持经济效益、社会效益和生态效益的统一，为西藏和国家的可持续发展提供良好的生态环境。

3.3 规划目标

3.3.1 主要目标

推进西藏高原特色农牧业跨越式发展，到2020年，特色农牧业经济规模得到快速发展，成为国家重要的高原特色农产品基地；农牧民收入持续快速增长，农牧民人均纯收入接近全国平均水平；综合生产能力不断提高，粮食、蔬菜、肉蛋奶保障能力大大增强；产业化经营水平稳步提升，品牌建设取得明显进步；标准化体系建设加快，农产品质量安全体系逐步完善；科技支撑能力显著提高，农牧民科技素养得到较大改善；统筹生态环境保护和特色农牧业经济协调发展取得显著成效，实现西藏特色农牧业可持续发展。

3.3.2 指标体系

1. 经济指标

实现农林牧渔业总产值220亿元，年均增长8%；农产品加工业总产值78亿元，年均增长10%；农牧业产业化龙头企业产值50亿元，年均增长13%；农牧民人均纯收入17500元，年均增长15%。

2. 生产指标

粮食产量稳定在100万吨以上，其中青稞产量稳定在70万吨；蔬菜产量100万吨，主要城镇供给率旺季达到90%以上；猪牛羊肉产量达到32万吨，肉自给率达到95%以上；奶类产量42万吨，基本满足自治区的需求。

3. 产业化指标

创建自治区级农牧民示范合作组织100家，农牧民入社率达到60%以上；培育扶持自治区级农牧业产业化龙头企业（含国家级）30家，地市级农牧业产业化龙头企业100家；农产品加工转化率达到35.5%，农牧业产业化经营率达到50%；著名品牌达到26个，认定地理标志农产品15个。

4. 标准化指标

认定无公害农产品基地60个；通过“三品”认证农产品200个，有机食品认证30个。

5. 科技指标

农牧业科技贡献率达到55%，农牧业科技成果转化率达到40%，农作物良种覆盖率达到95%，畜禽良种覆盖率达到27%，农牧民培训率达到70%。

表 3-1　规划目标评价体系表

序号	一级指标	二级指标	单位	2013 年（基期年）	2020 年（目标年）	年均增速
1	经济指标	农林牧渔业总产值	亿元	128.00	220	8%
		农产品加工业总产值	亿元	40.02	78	10%
		龙头企业产值	亿元	21.2	50	13%
		农牧民人均纯收入	元/人	6578	17500	15%
2	生产指标	粮食产量	万吨	96.15	>100	>0.6%
		其中：青稞产量	万吨	65.66	70	1.2%
		蔬菜产量	万吨	66.99	100	6%
		猪牛羊肉产量	万吨	29.21	32	1.3%
		奶产量	万吨	32.52	42	3.8%
3	产业化指标	自治区级农民示范合作社	个		100	
		农牧民入社率	%	17	60	
		自治区级龙头企业	个	24	30	
		地市级龙头企业	个	77	100	
		农产品加工转化率	%	31.3	35.5	
		产业化经营率	%	36.5	50	
		著名品牌	个	14	26	
		认定地理标志农产品	个	8	15	
4	标准化指标	认定无公害农产品基地	个	22	60	
		“三品”认证农产品	个	105	200	
		有机食品认证	个		30	
5	科技指标	农牧业科技贡献率	%	43%	55%	
		农牧业科技成果转化率	%	30%	40%	
		农作物良种覆盖率	%	87%	95%	
		畜禽良种覆盖率	%	15%	29%	
		农牧民培训率	%	40%	70%	

注：(1) 自治区级龙头企业中包含国家级龙头企业；(2) 农产品加工业总产值中包含医药制造业。

3.4 主要任务

3.4.1 以龙头企业、专合组织、种养大户和家庭农场为主体，构建高原特色农牧业产业化生产经营体系

大力扶持农业产业化龙头企业。一是紧密结合当地优势资源和发展实际，重点选择一批基础条件好、发展前景好、带动效益好的企业，采取分级扶持的办法，大力推广“龙头企业+基地+农户”、“龙头企业+专合组织+农户”等多种形式的产业化经营模式，增强企业整体实力和竞争力，打造一批农牧业产业化领军企业；二是优化投资环境，积极吸引区外特别是援藏省市的先进农牧业生产加工企业，投身自治区特色农牧业开发和农业产业化经营领域，延伸农牧业产业链，提高农牧业增值效益；三是鼓励和引导产业化经营主体在政府扶持的同时，加大自身投入和内部管理，依法经营、合理开发，健康发展，实现企业增效和农牧民增收的双赢。

规范发展农牧民专业合作组织。一是深入贯彻执行《中华人民共和国农民专业合作社法》，加快农牧民专业合作社建设，健全组织结构、管理制度，优化内部治理机制；二是开展农牧民专业合作社示范社创建活动，研究制定示范社认定管理办法，为全区农牧民专业合作社提供示范和样板；三是紧密利益联结，积极引导国家补助资金形成的资产移交合作社管护并量化为社员股份，让农牧民在合作社发展中真正受益。

培育种养大户和家庭农场。依托农村土地改革试点试验，加快开展耕地草场确权登记颁证，推动土地流转，鼓励承包经营权

向种养能手流转集中，培育种养大户；改革农牧业补贴制度，探索建立种养大户和家庭农场扶持办法，鼓励种养大户加快成长并向家庭农场转化。

3.4.2 以特色农牧业产业基地建设为中心，构建高原特色现代农牧业产业体系

按照“优势产业优先发展，优势区域优先突破”的方针和“区域集中、规模做大、质量提升、效益提高”的工作要求，充分利用特有的农牧业资源和条件，合理规划产业布局，加快特色农牧业产业基地建设，改造提升特色农畜传统优势产业，培育壮大绿色、有机食品重点高效产业，激活物流和农业服务等关联潜力产业，大力推进现代特色农牧业建设。进一步突破行业、部门、地域分割的格局，引导特色农牧业开发的工作重点从生产层面扶持向产加销多个层面扶持转变，从重视基地建设向通过扶持企业、专合组织带动基地建设和农户生产转变，从强化外延扩大向通过科技推动促进内涵扩大转变，从原产品生产向精深加工产品生产转变，加快构建具有西藏高原特色的现代农业产业体系。

1. 做大规模，形成板块

按照突出重点、体现特色、打造亮点的要求，加快形成优势突出和特色鲜明优势农畜产品基地和优势产业区（带）。

2. 做深加工，促进增值

力争在青稞、肉类、奶类、皮毛绒、饲料、林果和藏药材加工等方面取得重大突破，形成合理的产业链。

3. 做强产业，形成品牌

通过标准化生产、企业化经营、市场化营销，尽快培育一批在区内外享有盛誉、市场优势明显、增值效益巨大、带动群众增

收作用突出的拳头品牌产品。

3.4.3　以农产品市场建设为抓手，构建高原特色农产品商贸物流体系

以构建商贸物流大格局为目标，全面推进项目建设。一是要继续深入推进“万村千乡工程”和新网工程，加快农畜产品交易公共信息服务平台建设，进一步健全城乡农畜产品主产地、集散地市场营销体系，着力培育一批产地农畜产品集散地和批发市场；二是要推广“农超对接”、“农校对接”、“农寺对接”等方式，扩大自产直销，加强产销衔接；三是要鼓励发展平价市场、连锁店、直营店、配送中心、收购站点等，减少中间环节、降低流通成本，提高生产经营效益；四是要建立健全信息化现代物流体系，依托现代信息技术和物流平台，发展电子商务。

3.4.4　以科技推广和示范为手段，构建高原特色农牧业科技支撑体系

西藏特色农牧业经过十余年建设发展，现已进入向现代农业发展的全面转型期和整体水平提升期，科技力量是最为经济有效的现代高效农业运行加速器。突出抓好农作物新品种繁育、特色优势畜种选育、粮油作物提质增量、畜牧业规模化养殖、特色农牧业增值、农牧业标准化、农业生态环保、重大动物疫病和植物病虫害防控等科技推广和示范，切实提高农牧业科技含量。加强农牧业科技推广服务体系和队伍建设，不断改善服务条件，增强服务手段，提高服务水平。进一步改进科技推广服务方式，针对项目区情的特点，将复杂技术简单化、先进技术实用化、实用技术乡土化，大力推广农牧民易接受、生产实践中易推广、增效增

收上易见效的一批技术和良种，切实提高科技普及和推广率，将科技元素贯穿产业链始终，为自治区“提升一产”提供强有力的科技支撑。

3.4.5 以标准化生产为途径，构建高原特色农产品质量安全保障体系

以西藏高原优势特色农牧产品生产、现代农业发展为重点，加快配套农业标准的制定，促成农牧产品产地环境要求与农产品质量安全相适应、生产技术规程与农产品质量安全相衔接、检测方法与农产品质量安全相配套的农业标准体系。

加快推进农牧业标准化生产体系建设，鼓励支持龙头企业、农牧民专业合作组织和种养大户率先实行标准化生产。按照“预防为主、源头治理、全程监管”的原则，全面加强全区农产品质量安全检验检测体系建设，不断提高农产品质量检验检测能力，加强农畜产品质量安全监督执法工作，逐步建立从田间到餐桌全过程质量可追溯机制，确保广大消费者吃上“放心菜”、“放心肉”。

以无公害农产品、绿色食品、有机农产品、地理标志产品以及名牌农牧产品为重点，加快农牧产品品牌创建，形成一批知名度高、质量安全过硬的西藏高原特色农牧产品品牌。

3.4.6 以生态安全为基准，构建高原农牧区优美生态环境体系

紧密结合西藏在我国的重要生态安全屏障地位，以保护性开发为原则，通过对自然资源的合理保护和利用、清洁能源的推广、生产方式转变等方面的建设，保护规划区生态环境、优化农

牧区生产生活面貌，坚持走清洁生产、循环经济的产业发展道路，增强全区特色农牧业可持续发展能力。

实施农业生物资源安全保护与利用工程，开展动植物种质资源保护工作，对农牧业种质资源进行整理、保存、鉴定。加强以草地资源保护为主要内容的生态环境保护建设，针对超载过牧、草原“三化”等问题，加大草原保护执法监督力度；以草畜平衡为原则，加强人工饲草基地建设，加大牲畜出栏力度，突出抓好草原生态保护奖励机制、退牧还草等重大政策、重大工程建设；加强草地资源监测、生态环境预警体系建设。推广保护性耕作技术，防治水土流失和地力退化，确保农牧业可持续发展。大力开发农村新能源，积极推进沼气和太阳能建设。发展节约型农业，大力推广以高效节约为主要内容的节水农业技术，以环境保护为主要目的农业生态、草原生态建设技术，以种养结合、副产物综合利用为主要方式的循环经济产业模式，实现农牧产业与资源、人与环境的协调发展。

3.4.7 以强农富民为目的，构建西藏农牧民多元化增收体系

最大限度地保护和发展农牧民利益是农牧业产业化的根本。要充分发挥企业一头连接农牧民，一头连接大市场的优势，积极引导龙头企业采取土地租赁、订单农业、价格保护、预付定金、入股分红、利润返还等多种方式，健全龙头企业与农牧民专业合作社、农户利益连接机制。要强化对龙头企业的动态监测，把与农牧民利益连接紧密程度、带动农牧民增收作用大小作为重要标准和依据，纳入政府项目扶持评价考核体系。

坚持农牧业内部与外部增收并举、政策补贴与项目增收互

动、产业发展与劳务输出增收共促、一二三产协调推动的原则，努力构建多元化增收的新格局。坚持以市场为导向、就业为目的、职业教育为基础、项目培训为手段，有计划、有组织、有目的地广泛开展农牧民技术、技能培训，大力培养有道德、有文化、懂技术、会经营、能带领农牧民脱贫致富的新型农牧民和实用人才，提高农牧民生产技能和增收能力。大力发展以农畜产品加工、民族手工业、市场物流体系、旅游服务业、城镇餐饮服务业为主的二三产业，实现更多的农牧民在二三产业中稳定就业、增收。

第四章

重点产业选择、产业定位与发展方向

Zhongdian Chanye Xuanze Chanye Dingwei Yu Fazhan Fangxiang

4.1 重点产业选择

4.1.1 选择原则

西藏独特的自然资源禀赋、得天独厚的地理位置、特殊的战略定位，决定了高原特色农产品是西藏农牧业产业发展的主攻方向，重点产业选择要从重点特色农牧产品入手，围绕重点产品打造产业体系。

西藏特色农牧业产业发展要充分发挥特色资源优势，建成一批带动辐射能力强的基地，形成“特色化、专业化、规模化、区域化”的发展模式。重点产品的选择要坚持以市场为导向，立足区位和资源优势，积极探索发展特色鲜明的西藏农牧产品。因此，重点产品的选择需考虑以下几个方面：

（1）区域经济带动原则。特色农产品基地建设能推动当地农牧业结构调整，确保农牧民收入显著增加。

（2）主导产业扶持原则。特色农产品基地建设能培育扶持地方主导产业的持续发展。

（3）比较优势导向原则。特色农产品基地建设不搞“撒胡椒面”，不要“大而全”，重点在于最大化地发挥特色产品的比较优势。

（4）市场机制引导原则。特色农产品基地建设要遵循市场规律，通过“壮大龙头企业”、“培育合作组织”、“扶持专业大户”等重点措施，面向区内区外两个市场，积极引导特色农产品的有序发展。

4.1.2 产业现状分析

2011—2013年西藏农林牧渔业分项产值及其所占比重见下表。

表4-1 2011—2013年西藏农林牧渔分项产值表 （单位：万元）

序号	项目	2011年		2012年		2013年	
		产值	比重	产值	比重	产值	比重
1	农业产值	496,152	45.37%	533,863	45.12%	579,235	45.25%
1.1	谷物及其它作物	246000	22.49%	260429	22.01%	275044	21.49%
1.1.1	粮食作物	213804	19.55%	226475	19.14%	238326	18.62%
	其中：青稞	151834	13.88%	161975	13.69%	172334	13.46%
1.2	薯类	1055	0.10%	1219	0.10%	1568	0.12%
1.3	油料	24379	2.23%	26708	2.26%	28493	2.23%
1.3.1	油菜籽	24243	2.22%	26559	2.24%	28256	2.21%
1.4	蔬菜	81657	7.47%	90045	7.61%	100868	7.88%
1.5	水果、坚果	9184	0.84%	8381	0.71%	10784	0.84%
1.6	中药材	151469	13.85%	167844	14.18%	185203	14.47%
2	林业产值	23,929	2.19%	25,577	2.16%	26,534	2.07%
2.1	林木培育和种植	8554	0.78%	10868	0.92%	11320	0.88%
2.2	林产品	365	0.03%	410	0.03%	238	0.02%
2.3	村及村以下竹木采伐	7615	0.70%	14299	1.21%	12999	1.02%
3	牧业产值	541,123	49.48%	590,193	49.88%	641,557	50.12%
3.1	牲畜	510567	46.68%	557586	47.12%	607492	47.46%
3.1.1	牛	271457	24.82%	317815	26.86%	355561	27.78%
3.1.2	羊	119221	10.90%	117205	9.91%	123619	9.66%
3.1.3	猪	24048	2.20%	23541	1.99%	23762	1.86%

续表

序号	项目	2011 年		2012 年		2013 年	
		产值	比重	产值	比重	产值	比重
3.2	家禽饲养	6397	0.58%	8986	0.76%	9521	0.74%
4	渔业产值	2181	0.20%	2220	0.19%	1762	0.14%
5	农林牧渔服务业产值	30290	2.77%	31415	2.65%	30879	2.41%
6	农林牧渔总产值	1,093,675	100%	1,183,267	100%	1,279,967	100%

分析 2013 年西藏农林牧渔业分项产值情况，粮食、中药材（藏药材）、蔬菜占据了农业产值的前三位，牛、羊占据了牧业产值的前两位。

4.1.3　市场潜力分析

1. 主要农产品供给现状

（1）青稞产量稳定增长，生产能力达到 63.71 万吨

2004 年以来，青稞产量起伏波动在 59 万～66 万吨振荡，总趋势是稳定增长。历史最低产量是 2006 年为 59.2 万吨；最高产量是 2013 年为 65.66 万吨，比上年增长 3.06%，人均青稞占有量为 210 千克/人。

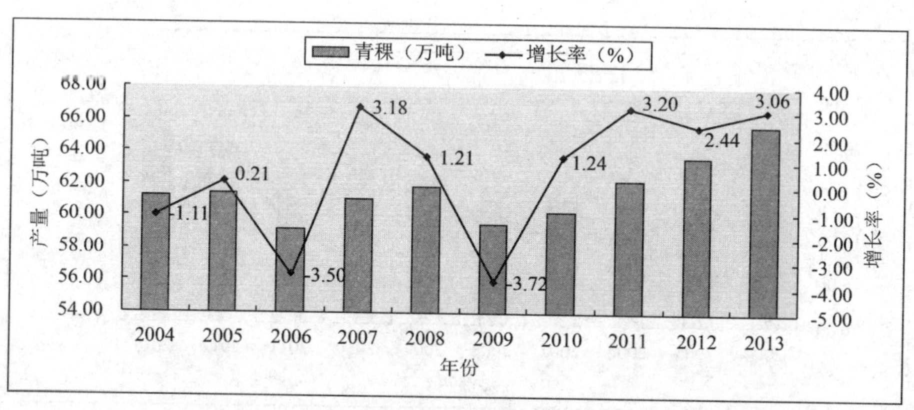

图 4－1　2004～2013 年西藏蔬菜产量及增长情况

（2）蔬菜保持高速增长态势，生产能力达到65.59万吨

2004年以来，蔬菜产量一直保持高速增长的态势，年平均增长速度为10.30%，2013年蔬菜产量达到66.69万吨，人均蔬菜占有量为214千克/人，有效解决了西藏居民吃菜难的问题。

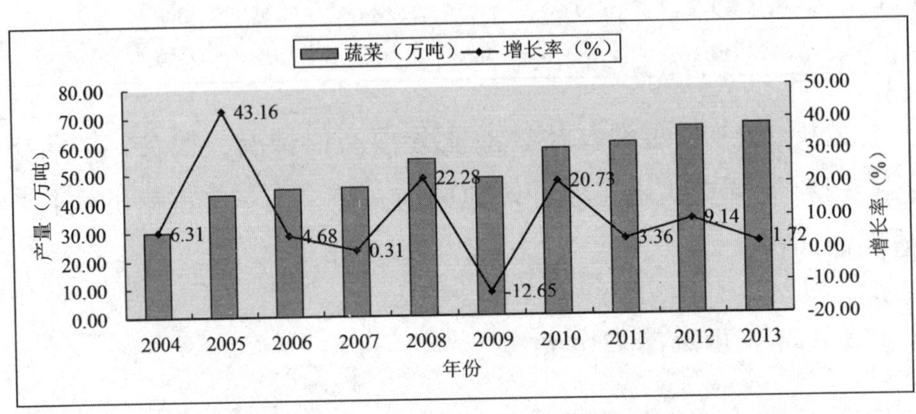

图4-2　2004～2013年西藏蔬菜产量及增长情况

（3）牛肉产量较快增长，综合生产能力达到20.71万吨

2004年以来，牛肉产量一直保持较快速度增长的态势，年均增长率为6.08%，2013年牛肉产量达到20.71万吨，人均牛肉占有量为66.4千克/人。

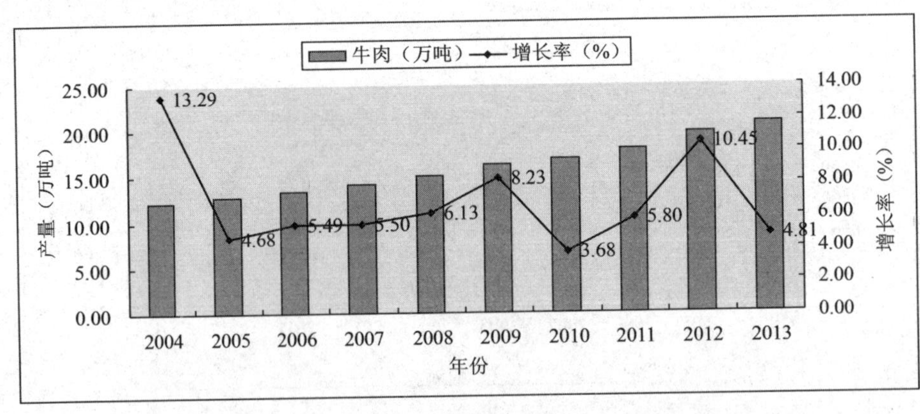

图4-3　2004～2013年西藏牛肉产量及增长情况

（4）羊肉产量保持在 8 万吨左右

2004 年以来，羊肉产量基本保持稳定，变化不大；2013 年羊肉产量达到 7.49 万吨，人均羊肉占有量为 24.0 千克/人。

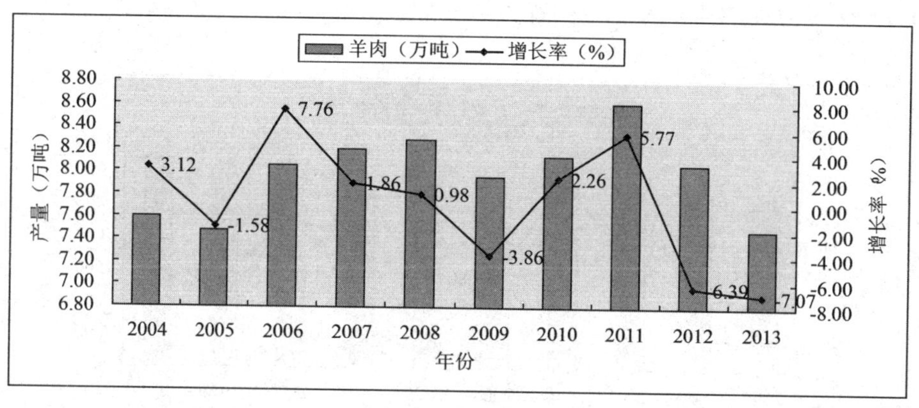

图 4－4　2004～2013 年西藏羊肉产量及增长情况

（5）猪肉产量保持在 1 万吨左右

2004 年以来，猪肉产量基本稳定，变化不大；2013 年猪肉产量达到 1.01 万吨，比上年减少 10.62%，人均猪肉占有量为 3.2 千克/人。

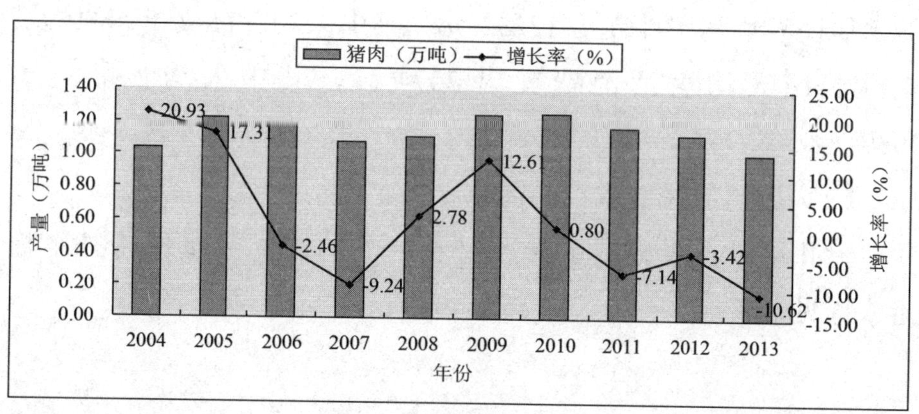

图 4－5　2004～2013 年西藏猪肉产量及增长情况

（6）奶产量稳定增长，综合生产能力达到 32.52 万吨

2004 年以来，奶产量一直保持稳定增长的态势，年平均增长速度为 2.44%，2013 年奶产量达到 32.52 万吨，比上年增长 2.62%，人均奶占有量为 104 千克/人。

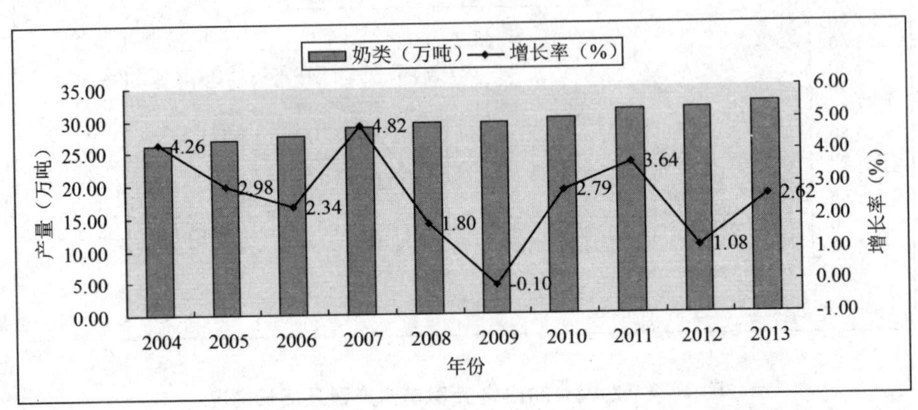

图 4-6　2004～2013 年西藏自治区牛奶产量及增长率情况

2. 主要农产品需求现状

（1）居民消费需求现状

近年来，自治区城乡居民的物质生活水平不断提高，2013 年城镇居民人均消费性支出 12232 元，其中人均食品支出 5889 元；农村居民人均生活消费支出 3574 元，其中人均食品支出 1939 元。

（2）城镇居民对农产品需求

近几年来，西藏城镇居民对农产品的需求数量保持基本稳定，详见下表。

表 4-2　2007—2013 年西藏城镇居民家庭人均年购买农产品情况

（单位：千克/人）

年份	2007	2009	2010	2011	2012	2013
粮食	107.1	95.8	100.8	98.2	90.5	108.6
牛肉	21.4	17.0	17.1	17.9	16.7	16.8
羊肉	5.6	4.1	3.0	2.9	2.8	4.5
猪肉	9.2	9.9	9.8	7.3	7.1	10.1
家禽	3.7	3.8	4.0	2.9	3.3	3.7
鲜蛋	5.8	7.5	6.7	4.1	4.2	4.9
水产品	1.9	2.2	2.1	1.4	1.7	2.4
鲜菜	82.2	71.5	71.5	72.7	74.7	76.2
茶叶	0.7	2.7	2.7	2.3	2.2	2.2

（3）农村居民对农产品需求

近几年，西藏农牧民对农产品的需求数量起伏波动较大，详见下表。

表 4-3　2007—2013 年西藏农村居民家庭主要实物消费量

（单位：千克/人）

年份	2007	2009	2010	2011	2012	2013
粮食	290.6		277.9		277.4	262.6
其中：青稞	115.9	119.3	116.6	101.1	144.7	105.1
蔬菜	24.0	15.4	16.2	13.9	14.0	11.9
肉类	17.8	15.4	16.0	18.5	21.2	26.8
其中：猪肉	2.46		2.43		2.30	4.55
牛羊奶	38.3	29.9	78.3	38.3	33.6	25.7
鲜蛋	0.64	0.63	0.87	0.51	0.56	0.56
茶叶	8.11	6.46	6.64	5.95	5.94	5.10

（4）外来人口对农产品的需求

外来人口需要在当地消费，其中包括消费和购买带走的农产品。

随着青藏铁路的开通，近年来到西藏旅游人数增长迅速，2009—2013 年期间年均增速高达 48.50%，2013 年达到历史最高值 1291 万人次，其中入境旅游人数为 22.32 万人次，年均增速为 38.57%。2013 年来西藏旅游人均支出人民币 1279 元，其中入境旅游者人均支出 572.9 美元，详见下表。

表 4－4　2005—2013 年西藏接待旅游人数与人均支出

年份	接待旅游者			入境旅游		
	人数（人次）	增长率（%）	人均支出（元）	人数（人次）	增长率（%）	人均支出（美元）
2009	5610630	149.76	998	174910	157.23	366.3
2010	6851390	22.11	1043	228321	30.54	450.1
2011	8697605	26.95	1116	270785	18.60	478.7
2012	10583869	21.69	1195	194933	－28.01	542.2
2013	12910568	21.98	1279	223198	14.50	572.9

3. 食品价格指数变化现状

2007—2013 年西藏居民食品类消费价格指数及变化情况见下表。

表 4－5　2007—2013 年西藏居民食品类消费价格指数

年份	2007	2009	2010	2011	2012	2013
粮食	108.5	100.4	107.1	112.7	103.0	106.3
淀粉	99.6	98.3	103.4	103.1	105.2	103.1
干豆类及豆制品	102.7	105.8	110.6	110.2	106.4	109.0

续表

年份	2007	2009	2010	2011	2012	2013
油脂类	108.5	95.9	100.9	103.4	105.5	103.5
肉禽及其制品	119.5	99.6	102.1	112.2	108.9	112.5
蛋类	105.1	100.0	103.5	108.6	102.4	106.3
水产品	104.1	101.2	102.8	105.2	102.8	106.6
菜类	99.1	115.6	107.9	108.3	114.6	108.8
调味品	98.9	102.3	102.3	110.1	101.0	99.9
糖类	102.7	103.1	102.1	109.8	103.2	102.8
茶及饮料	100.9	101.1	100.7	102.4	100.3	103.0
干鲜瓜果类	109.4	114.1	108.9	114.9	107.6	106.4
糕点、饼干	102.9	100.6	100.7	101.9	104.7	103.1
液体乳及乳制品	102.3	107.8	105.1	103.2	102.1	106.4
在外用膳食品	103.6	103.5	104.4	108.6	110.2	107.8
其他食品	99.7	100.5	100.2	100.4	102.7	103.4
食品类	106.6	103.9	104.5	109.1	106.9	107.7

从上表可以看出，近年来西藏食品类价格呈上涨状态，且上涨幅度超过5%。

4. 市场前景分析

随着经济的发展，城市高收入人群增多，消费能力不断增强，为特色农牧业发展带来巨大空间。

（1）特色农产品供需将长期处于紧平衡状态

未来特色农产品供求状况既取决于人口增长、旅游增长水平、经济增长水平、城镇化水平提高等因素，更取决于农业用地资源变化对农产品供求变化所产生的重大影响。目前西藏处于新型城镇化、工业化较快发展期，该势头至少要延续10年，自治区将会因城镇化、工业化占用部分耕地，但是，在“十三五”后期，随着一批大型水利工程的竣工投入使用，西藏将新增几十万亩可灌溉耕地，因此，在规划期耕地总量会有一定增长，灌溉率也会提高，农产品供给量具有一定的增长空间，预计粮食、青稞能保障自给，蔬菜、肉、奶能基本满足自给，总体来讲，特色农产品将长期处于紧平衡状态。

（2）特色农产品价格将保持高位震荡

近年来，我国农产品价格上涨幅度大，一些主要农产品特别是粮食、食用油、蔬菜、肉类、蛋类、水果、乳制品等生活必需品，价格普遍上涨10%以上。虽然有些农产品价格上升后又有所下降，有些农产品价格呈现出习惯性的波动，也有不少农产品价格呈现出连续性的上涨。从需求方面讲，随着人们收人水平的提高，在恩格尔系数相对较高的情况下，对农产品的总需求依然会增加，由此导致价格上涨。

（3）市场空间将逐年扩大

青藏铁路的开通，增加了西藏区内所有农产品的市场空间，预计今后每年到西藏旅游的海内外游客人数有望达到1200万人次以上，这对农产品是一个相当大的消费需求。由于海内外消费者都对西藏的神秘感到向往，自然对这片神奇土地上的农产品感兴趣，这都对特色农产品产业发展提供了良好机遇，可以利用现有特色优质资源和西藏的品牌效应，抓住市场发展的机会，更好地发展特色农产品生产。同时随着西藏人民收入不断增加和城镇化的发展，对农产品的品种、口味、类型的需求呈现多样化，对农产品的品质日益重视，购买力也增强，高原特色农产品具有巨大的市场发展空间。

4.1.4　选择方案

西藏农牧业具有地域特色和开发潜力的主要农牧产品包括：种植业中的青稞、蔬菜、马铃薯、林果、茶叶，草原畜牧业的牦牛、藏系绵羊和绒山羊，城郊和农区畜牧业中的奶牛、藏猪、藏鸡，林下资源中的食用菌和藏药材等。

充分考虑资源、产业地位和发展基础、市场潜力等因素，本规划从西藏的主要农牧产品中选择“十四类特色产品”作为西藏特色农牧产业发展的重点产品。

1. 保障型特色产品

包括：青稞、蔬菜、马铃薯、牦牛、藏系绵羊、奶牛6类。

2. 名优型特色产品

包括：绒山羊、藏猪、藏鸡、藏药材、林下资源5类。

3. 新型特色产品

包括：林果、茶叶、冷水鱼3类。

4.1.5　发展层次与重点

西藏特色农牧产品众多，产业各有特色，发展规模和市场前景各有差异，要因地制宜，分层次有重点地发展重点农畜产品。

优先发展主要满足区内群众生活、涉及居民“菜篮子”、适应西藏城镇化发展，区内市场有迫切需要的保障型特色产品；重点发展产业基础好、独有性稀缺性强、附加值高、增收能力强、产业化实现条件好，且目前已形成独特的区外市场优势、产业效益明显的名优型特色产品以及与文化旅游相结合的皮毛绒制品；适度发展资源有特色、市场潜力大，但目前产业基础还比较薄弱的新型特色产品。

4.2 产业定位

4.2.1 功能定位

1. 成为“西藏重要的支柱产业”

以西藏高原特色农牧资源为基础，以促进农牧民增收为目的，以高原特色农产品现代商贸物流服务为引领，以高原特色农牧业产业基地建设为依托，以现代加工手段为保障，构建优势特色突出、设施装备水平先进、商贸物流顺畅、服务体系完善、支持体系有力、经济效益显著的西藏高原特色现代农牧产业体系，力求把西藏特色农牧业产业培育成为具有国内、国际竞争力的支柱产业。

2. 成为“全国重要的高原特色农产品基地”

遵循“以特色农畜产品生产为主导，大力发展高附加值绿色农产品”的发展思路，做大、做强保障型和名优型特色产业，做优、做精新型特色产业，按照特色化、差异化发展，打造一批“人无我有、人有我优、人优我特”的新型特色农产品，将西藏高原独特的农牧业资源开发建设为雪域高原特有的名优产品，在保证口粮、确保“菜篮子”产品供给等满足城乡居民基本需求的前提下，坚持走“绿色、精品、高端”的农牧产品路线，进一步拓宽销售市场、挖掘其附加价值，形成具有西藏区域特色，品牌知名度高美誉度好，市场竞争力强，经济、社会和生态效益佳的特色农牧业，将西藏打造成为“国内知名、世界闻名”的高原特色农产品基地。

3. 成为“世界高原特色农牧业可持续发展的典范”

通过特色农牧业产业结构调整、布局优化、产业链延伸、技术装备升级、体制机制创新等手段，完善产业结构，合理利用资源，从主要靠外延扩大向内涵扩大转变。加强科技创新，创新和引进一批适合西藏高原的现代农牧业新品种、新技术、新模式进行集成示范，加大产业共性技术、关键技术在特色农牧业生产经营各个环节的研究和应用，进而构建西藏特色农牧业发展的产业技术体系和工程体系，实现产业技术应用上水平、出效益；构建支持有力的农牧业科技和信息服务、农产品质量安全等产业支撑体系，营造有利于产业长远发展的投资环境，形成产业集聚效应明显、产业融合度较高、产业之间相互支撑、产业内部运转协调的新型产业体系。使西藏特色农牧业实现主要依靠以科技进步为核心驱动力的发展模式，成为世界高原特色农牧业可持续发展的典范。

4. 成为“世界旅游目的地的重要支撑”

做大旅游业是西藏政府的重要任务。把西藏高原特色农产品的发展融入到旅游的“吃、住、行、游、购、娱”要素中，推动旅游商品基地的发展，推进旅游商品品牌、乡村旅游与新农村建设协调发展，加快旅游产业与农牧业特色产业的相互融合，实现农牧业与旅游业互动双赢融合发展，共同推动实现兴区强县富民发展目标。

4.2.2 市场定位

按照走有“中国特色、西藏特点”发展路子的要求，发挥资源特色和优势，打造“国内知名、世界闻名”的重要高原特色农产品基地。特色农牧业产业市场定位应遵循以下几点：

1. 以满足区内消费需求为主

西藏目前常住人口300多万人，每年要消费粮食70多万吨，还有蔬菜、肉类、蛋类和奶类等。同时每年接待国内外游客约1200多万人次，目前游客人均消费约1200多元人民币。满足自治区常住人口的日常生活需求和日益增长的国内外游客在藏期间生活消费和礼品消费需求是西藏高原特色农产品生产的首要任务。

2. 不同特色产业要有不同的特定市场定位

（1）区内市场主导型产业

对区内市场主导型为主的特色产业，其产品以满足自治区常住人口的日常生活需求和国内外游客在藏期间生活消费需求为主。产业发展的规模要区别对待，已有成功龙头企业带动的基地建设以规模效益为主，以满足当地群众生活需要的则应根据市场容量确定生产规模，同时鼓励多样化经营。这类产业主要包括青稞、蔬菜、马铃薯、牦牛、藏系绵羊、奶牛等保障型产品。

（2）竞争型产业

对具有区外市场优势的特色产业，其产品以满足日益增长的国内外游客离藏时礼品消费需求和区外对西藏净土健康农产品消费需求为主，其需求以高端产品为主。针对西藏外运的产品普遍面临运输成本高、生产成本高等制约因素，以西藏优美纯净的自然环境作为亮点，突出绿色、有机特点，从产品的唯一性、品质上加强竞争力，体现青藏高原特色，提升深加工水平，打造高端产品，重点发展绒山羊、藏猪和藏鸡、藏药材、林下资源、林果、茶叶、冷水鱼等高原唯一性、优异性产品。

3. 打造西藏绿色产业和地域特色品牌

西藏具有得天独厚发展绿色食品生产的环境基础，作为绿色食品从原料产地、加工过程到储运包装等各个环节必须严格遵守国家制定的一系列规范标准。在发展模式上，依托绿色食品加工龙头企业，走贸工农一体化的产业化发展道路，依托龙头加工企业的运作机制、规范和管理方式、广泛的市场信息，带动绿色食品原料基地的建设和发展。

通过标准化生产、企业化经营、市场化营销，尽快培育一批在区内外享有盛誉、市场优势明显、增值效益巨大、带动群众增收作用突出的品牌产品。依托当地优势资源和主导产业创立品牌，积极申请著名商标，申报地理标志农产品认定和绿色、有机食品认证。要积极运用各种手段，大力宣传和推广，提高品牌的知名度，增强特色农牧产品的竞争力。

4.3　产业发展方向

按照“用现代物质条件装备农牧业、现代科学技术改造农牧业、现代产业体系提升农牧业、现代经营形式推进农牧业、现代发展理念引领农牧业”的具体要求，科学分析和预测区内外市场需求，以做大做强、做精做细“十四类重点产品”，建设特色鲜明、色彩纷呈的特色农产品产业基地为目标导向，围绕科技、生产、加工和市场等重点环节确定产业发展的主攻方向，通过完善特色农牧业科技支撑体系、保障特色农产品综合生产能力、提升特色农产品精深加工水平、提高产业化经营水平和品牌知名度，注重市场推广和品牌维护，最终形成特色产业优势。

4.3.1　科技主攻——完善特色农牧业科技支撑体系

坚持围绕重点产品发展搞创新、抓推广、促服务，努力提高科技对重点特色农产品有效供给的保障能力、对高原特色农产品基地发展研究的支撑能力、对西藏特色农产品产业化水平提升的引领能力。

1. 建立特色农产品良种繁育科技创新体系

积极争取国家种子工程、畜禽水产良种工程等建设项目，立足西藏本土资源的保护与开发，重点强化“种质资源保护利用、新品种改良、品种区域试验展示、良种繁育、种子质量监督检测”五大环节，着力提升西藏特色农产品良种发展的科技创新能力、提升良种供给能力、提升良种质量监督检测能力。

2. 加强新品种、新技术应用推广

坚持体现特色、突出重点、因地制宜，大力推进国家级、自治区级、地市级三级现代农牧业示范基地建设，将复杂技术简单化、先进技术实用化、实用技术乡土化，大力转化示范和推广应用农作物高产高效栽培、农业机械化、无公害安全生产、重大病虫草害防治、高效集约化设施种植、畜禽饲养管理、畜禽重大疫病防控、草地畜牧业生产、农畜产品加工等先进实用技术和良种，切实提高科技普及和推广率。

3. 完善农产品的质量安全监测体系

按照“预防为主、源头治理、全程监管”的原则，全面加强地市、县农产品质量安全检验检测体系建设，重点抓好产地环境监控、投入品监管、技术规范制定、市场准入等关键环节，围绕特色农产品产业基地建设，逐步建立特色农产品的全程质量追溯体系。

4.3.2 生产主攻——保障特色农产品综合生产能力

按照“稳定规模、主攻单产、优化结构、节本增效、提升能力”的建设目标，把传统农牧业生产方式与优良品种、现代技术结合起来，提升特色农产品的品质和生产水平。

1. 大力开展农田水利等基础设施建设

加快中低产田改造，加强草原保护和建设，实施沃土工程和天然草地保护工程。立足重点区域，突出重点品种，加快推动优势区特色农产品生产基地建设，全面推行标准化生产，切实保障特色农产品的产量。

2. 重点推广“良种良法新设备”

在优势区内主推先进适用的栽培技术和主导品种，稳步提高良种覆盖率，加大先进实用农机化技术和机具的应用力度，加强农牧业有害生物防控体系建设，稳步提高单位产出水平。

3. 加快推进特色农产品标准化生产体系建设

大力推进特色农产品标准化生产和高产创建示范活动，支持龙头企业、农牧民专业合作组织和种养大户率先实行标准化生产，加强无公害食品、绿色食品、有机食品、农产品地理标志的申请与认证工作，提升特色农产品的品质和形象。

4.3.3　加工主攻——提升特色农产品精深加工水平

发展农产品加工业是特色农牧业产业建设的重中之中。产品加工转化率低、集中度不高、精深度不足，影响西藏特色农产品的多重增值。为此，要大力发展特色农产品加工业，延伸产业链，提高特色农产品附加值。

1. 打造特色农产品加工的研发平台

争取各类援藏项目支持，充分利用区内外科研院所、企业的农产品加工技术与资源，通过技术引进、委托研制、联合开发等模式，开发特色农产品加工、贮藏与保鲜等新工艺和新设备，加强特色农产品小型加工机械的研制与应用。

2. 建立具有西藏地方和民族特色的加工技术体系和产品系列

一方面，保持和发扬特色传统加工工艺，突出加工产品的独特品质和风味，拓展特色农产品市场空间。另一方面，立足于现有加工业的技术改造，大力开发青稞、肉类、奶类、皮毛绒、林下资源及藏药材等西藏特色农产品的营养、保健、药用和工业等多功能用途，向多品种、系列化、精深加工方向发展，满足多样化市场需求，最大限度挖掘特色农产品的增值潜力。

4.3.4 市场主攻——提高产业化经营水平和品牌知名度

农业产业化是推动特色农产品向着市场化、专业化和现代化转变的重要途径。提升产业化经营水平关键在于培育和扶持龙头企业、提高农牧民组织化程度、重视品牌的宣传与推广。

1. 培育壮大农业产业化龙头企业

积极吸引区外各类企业、实体，投身西藏特色农产品开发、农业产业化经营和区外市场拓展，引导区内乡镇企业工作重心向农业产业化、农产品加工业等领域转移。以龙头企业为主体，采取“龙头企业 + 基地 + 农（牧）户”等多种形式，推进多元化的特色农产品产业化经营模式，提升农业产业化经营水平，提高农牧业增值的综合效益。对所扶持的龙头企业，要实施重点管理和指导，并从财政、税收、金融、物资、科技等方面给予政策优惠。

2. 提高农牧民的市场组织化程度

大力培育农牧区市场主体，扶持发展农牧民专业合作组织和农牧区经纪人队伍，充分发挥专业合作组织上联市场下联农户的桥梁作用，规范、提升专合组织，积极推进“产加销”一条龙、“贸工农”一体化的经营模式，不断提高农牧民进入市场的组织化程度。同时，以农产品市场体系建设为中心，整合优化采购、运输、仓储、加工、包装、销售等各个环节的物流资源，打造一条完整、便捷、高效和畅通的农产品流通体系，建立农牧民、龙头企业、市场之间产销对接的良性机制。

3. 实施品牌化发展战略，争创名牌特色农产品

引导各级政府、龙头企业和农牧民树立品牌意识，注重品牌形象维护和品牌拓展，将品牌形象的塑造与西藏独特的自然景观和人文内涵有机整合，组织开展特色农产品区域划定、地理标志命名、商标注册等工作，上规模、上档次，有重点地培育和开发出具有西藏地域特色的名牌特色农产品。

第五章

产业基地规划

Chanye Jidi Guihua

5.1　种植、养殖基地规划

5.1.1　基地布局

西藏高原特色农产品基地的布局要坚持“优势区域、优势资源、优势产业、优先发展”的总体思路，在西藏农业功能区划确定的分区原则基础上，综合考虑自然资源条件、产业基础以及发展潜力等因素，划分为五个产业带、十四个产区，形成“五带十四区”的区域布局。

1. 五带

指藏中粮经饲、奶、绵羊、藏猪藏鸡复合产业带，藏东北牦牛产业带，藏西北绒山羊、绵羊产业带，藏东南藏猪藏鸡、藏药材和林下资源、干果产业带，城郊蔬菜产业带。

五个产业带布局见图 5－1 所示。

2. 十四区

指青稞、牦牛、藏系绵羊、绒山羊、藏猪、藏鸡、藏药材、林下资源、蔬菜、奶牛、马铃薯、林果、茶叶、冷水鱼十四个特色农产品产区。

十四个特色农产品产区布局见表 5－1 所示。

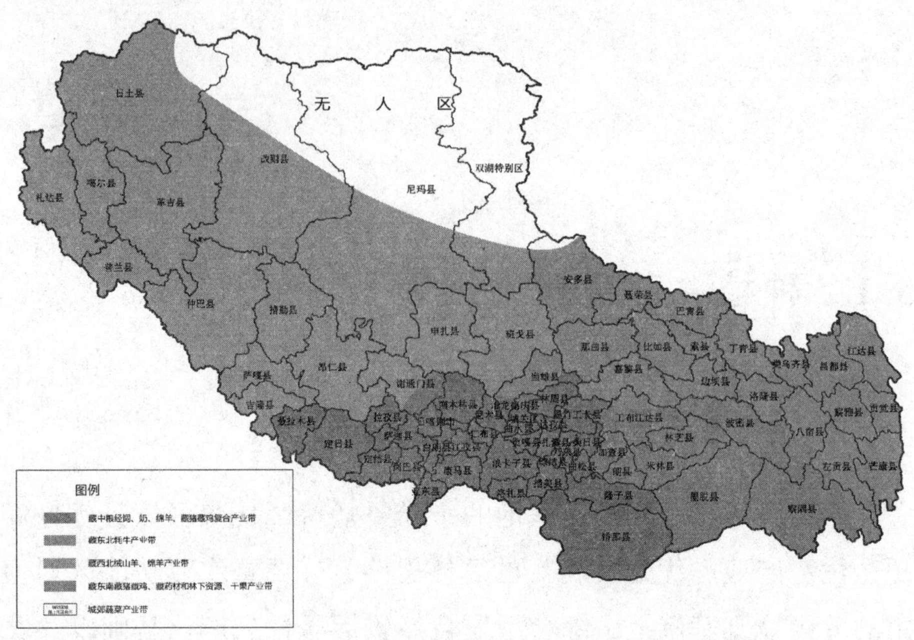

图 5－1　西藏高原特色农产品基地布局图

表 5－1　十四类农特产品产区布局

序号	产品	规划区域	
		地/市	县/区
1	青稞	拉萨市	林周、墨竹工卡、堆龙德庆、曲水、达孜
		日喀则地区	日喀则市、白朗、江孜、拉孜、谢通门、南木林、昂仁、定日、萨迦
		山南地区	贡嘎、扎囊、隆子、乃东
		林芝地区	波密、察隅
		昌都地区	芒康、洛隆、昌都、左贡、丁青
2	牦牛	拉萨市	当雄、林周
		日喀则地区	亚东
		昌都地区	江达、昌都、类乌齐、芒康，丁青、八宿
		那曲地区	那曲、安多、巴青、聂荣、嘉黎、比如、索县

续表

序号	产品	规划区域	
		地/市	县/区
3	藏系绵羊	拉萨市	当雄、林周
		日喀则地区	仲巴、昂仁、拉孜、萨迦、萨嘎、聂拉木、定日、定结、岗巴、日喀则市、谢通门、南木林、白朗、江孜、仁布、康马
		山南地区	浪卡子、贡嘎、隆子、措美
		昌都地区	贡觉、芒康
		那曲地区	尼玛、双湖、申扎、班戈、那曲、安多
		阿里地区	改则、革吉、措勤，日土
4	绒山羊	日喀则地区	仲巴、萨嘎、昂仁
		那曲地区	申扎、班戈、尼玛、双湖
		阿里地区	日土、噶尔、革吉、改则、措勤
5	藏猪	林芝地区	工布江达、林芝、米林、波密
6	藏鸡	拉萨市	尼木、曲水、达孜、堆龙德庆、城关区
		日喀则地区	谢通门、南木林、日喀则市
		山南地区	乃东、贡嘎、扎囊、琼结、桑日
		林芝地区	米林、林芝
7	藏药材	山南地区	贡嘎、扎囊
		林芝地区	工布江达、米林、波密、林芝
		昌都地区	昌都
8	林下资源	林芝地区	波密、工布江达、林芝、米林、察隅
		昌都地区	芒康县
9	蔬菜	拉萨市	曲水、堆龙德庆、达孜、林周和城关区
		日喀则地区	白朗、拉孜、日喀则市、江孜
		山南地区	乃东、贡嘎、扎囊、桑日
		林芝地区	林芝、米林
		昌都地区	昌都、察雅
		阿里地区	噶尔

续表

序号	产品	规划区域	
		地/市	县/区
10	奶牛	拉萨市	林周、曲水、堆龙德庆
		日喀则地区	日喀则市、江孜、白朗、南木林
		山南地区	隆子、乃东、贡嘎、扎囊
		林芝地区	林芝
		昌都地区	昌都
		阿里地区	噶尔
11	马铃薯	日喀则地区	南木林、日喀则市
		山南地区	贡嘎、乃东、扎囊
12	林果	山南地区	加查
		林芝地区	林芝、米林、朗县
		昌都地区	芒康、左贡
13	茶叶	林芝地区	波密
14	冷水鱼	日喀则地区	亚东
		山南地区	乃东

5.1.2 保障型特色产品基地建设

5.1.2.1 青稞基地

1. 发展现状

(1) 产业基础

2013 年青稞种植面积 185.79 万亩，占粮食作物播种面积的 70.42%，占农作物播种面积的 49.82%；产量 65.66 万吨，占粮食总产量的 68.29%；总产值 17.23 亿元，占农林牧渔业总产值的 13.46%。

表 5－2　2011—2013 年西藏各地市青稞生产情况表

单位：万亩、万吨

序号	产区	2011 年		2012 年		2013 年	
		面积	产量	面积	产量	面积	产量
1	拉萨市	24.68	9.91	24.77	10.18	25.77	10.88
2	日喀则地区	66.84	28.30	66.86	29.25	71.69	29.80
3	山南地区	18.03	7.11	18.32	7.25	18.98	7.48
4	林芝地区	7.44	1.86	7.19	1.79	7.37	1.88
5	昌都地区	53.48	13.66	52.85	13.71	53.01	13.93
6	那曲地区	4.89	0.86	5.15	1.06	6.66	1.20
7	阿里地区	2.28	0.49	2.27	0.47	2.31	0.47
8	合计	177.63	62.19	177.38	63.71	185.79	65.66

（2）优势产区

青稞核心产区：拉萨市的林周、墨竹工卡、堆龙德庆、曲水、达孜 5 个县；日喀则地区的日喀则市、白朗、江孜、拉孜、谢通门、南木林、昂仁、定日、萨迦 9 个县（市）；昌都地区的芒康、洛隆、昌都、左贡、丁青 5 个县；山南地区的贡嘎、扎囊、隆子、乃东 4 个县；林芝地区的波密、察隅 2 个县；合计 25 个县（市）。

青稞提升产区：拉萨市的尼木县；日喀则地区的康马县；昌都地区的江达、贡觉、察雅、八宿、边坝 5 个县；山南地区的琼结、桑日 2 个县；林芝地区的林芝县；合计 10 个县。

（3）存在的主要问题

一是农田水利设施建设滞后，抵御自然灾害能力低。由于自然条件差、底子薄，农业基础设施仍十分脆弱，青稞生产的物质技术装备水平、保障程度差，抗御自然灾害能力弱，“靠天吃饭”

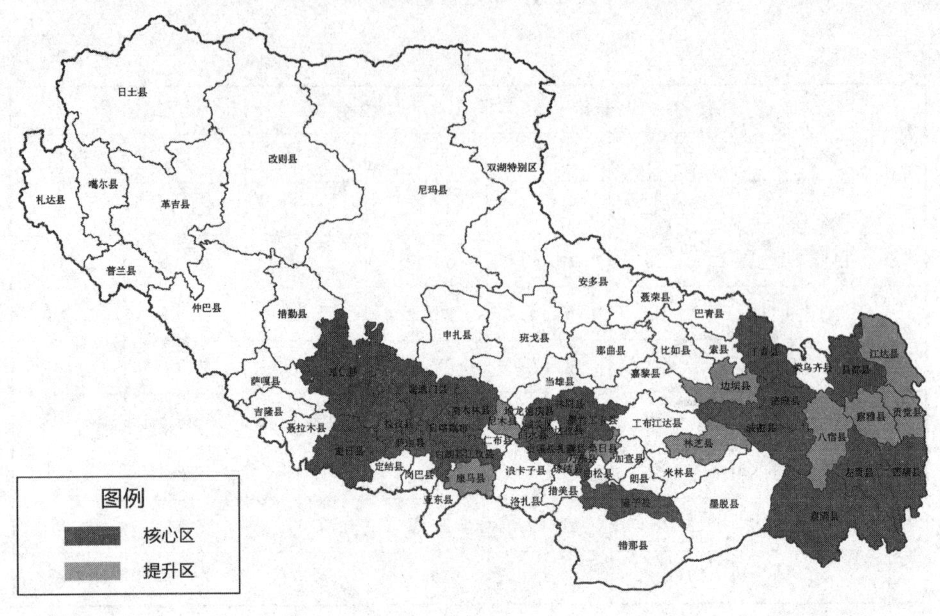

图 5-2 西藏青稞优势产区分布图

的局面未能从根本上改变。

二是基层技术力量薄弱，综合技术覆盖率低。多年来，自治区农业科研推广单位在青稞新品种选育、推广方面取得了较大成绩，但是在基层存在科技投入不足、育种方法和手段滞后、技术力量薄弱等问题，不能满足生产的要求；综合技术虽在农业机械推广中取得了很大突破，但在田间管理、配方施肥、病虫草鼠害的综合防治等方面进展缓慢，大部分地区仍以传统方式进行生产。

2. 发展目标

到2020年，青稞种植面积稳定在175万亩，青稞总产量确保达到70万吨以上。青稞良种覆盖率达到95%以上，良种统供率达90%以上，青稞平均单产达到400千克/亩。青稞机耕、机播、机收3项作业综合机械化水平达到70%。

3. 建设重点

（1）青稞生产基地建设

通过加强农田设施、低产田改造等基础建设，以及改进耕作方式、提高良种覆盖率、提高机械化水平和提升种田科技含量等，挖掘青稞增产潜力，打造优质青稞生产基地。以高标准农田建设为抓手，按照“田地平整肥沃、灌溉设施配套、田间道路畅通、林网建设适宜、科技先进适用、优质高产高效”的总体目标，着力推进土地平整工程、灌溉工程、田间道路工程、农田林网工程等建设。通过农田基础设施建设，最终实现基本农田向“优质、集中、连片”的集聚方向发展；农业生产条件和农业生态环境明显改善，有效防止或减少自然灾害，促进耕地资源的可持续性利用；规模合理，布局优化，生态良好，有利于农业先进技术的推广和应用，实现青稞高产、优质、高效、生态和安全。

（2）实施沃土工程，提高土壤地力

实施沃土工程，以拉萨、山南、日喀则、昌都、林芝5地（市）已经建立的5个测土配方施肥示范区为示范，重点对优质青稞生产基地进行测土配方施肥田间试验，完成不同地域的配方设计。

（3）加强病虫害防治

建立和完善青稞病虫害预管与控制系统和农药安全使用监测系统，实行统防统治病虫害防治模式，全面提高青稞病虫害有效监控、预防、快速扑灭能力。在青稞优势产区建立健全县级植保体系，全面推行统防统治的病虫害防治模式，建立长期有效机制，成立青稞病虫害机防队，引导农民自愿参加病虫害专业化防治。统一发放喷雾器、作业装备，农药采取“统购、统供、统配和统施”。规范施药管理、机械配置、使用保管等，有效减轻重大病虫和检疫性病虫危害，提升青稞病虫害综合防治水平。

（4）青稞综合试验科技示范区建设

以自治区、农科院、各地区现代农业科技园区为主体，加大优质、专用青稞新品种选育力度，建设现代化良种繁育基地和种植试验基地，向全区提供良种服务、进行科技示范，开展主推品种、主导技术和主体培训，推广重大增产增效技术，提高技术到位率、入户率；落实良种补贴和农机具购置补贴；连片推广农业机械，打造现代粮食机械化生产示范区。

（5）农机化服务中心建设

按照“淘汰小型、发展中型、示范大型”的农机化发展原则，重点扶持农机专业户，发展壮大农机专业合作社，适度建设农机化示范区，大力培训农机作业和修理技术人员，提高农机推广服务和安全监理能力建设，提升农机作业水平，提高农机使用效率。在青稞优势产区县建成配套的农机站、修理站和农业机械装备和技术服务体系。

专栏1　青稞基地建设工程

青稞基地建设工程　优质青稞生产基地建设见高标准农田建设项目。

沃土工程　进行测土配方施肥田间试验，完成不同地域的配方设计。

病虫害防治工程　粮食核心产区和潜力提升产区35个县开展病虫害防治。

青稞综合试验科技示范区工程　建设青稞示范生产基地2万亩。开展主推品种、主导技术和主体培训，推广重大增产增效技术，提高技术到位率、入户率；落实良种补贴和农机具购置补贴；连片推广农业机械，打造现代粮食机械化生产示范区。建设标准：3000元/亩。

农机化服务中心建设工程　建成配套的农机站、修理站和农业机械装备和技术服务体系。

4. 建设布局

（1）青稞基地建设工程、病虫害防治工程、农机化服务中心建设工程建设区域：35 个粮食优势产区县。

（2）沃土工程建设区域：在全区开展。

（3）青稞综合试验科技示范区示范工程建设区域：西藏农科院现代农业科技园，拉萨市、日喀则地区、昌都地区现代农业科技园。

5.1.2.2　蔬菜基地

1. 发展现状

（1）产业基础

2013 年，全区蔬菜种植面积 35.79 万亩，总产量 66.99 万吨，总产值 10.09 亿元，占农林牧渔业总产值的 7.88%。

表 5－3　2011～2013 年西藏各地市蔬菜生产情况表

单位：万亩、万吨

序号	产区	2011 年		2012 年		2013 年	
		面积	产量	面积	产量	面积	产量
1	拉萨市	6.05	19.56	6.95	22.87	6.63	23.14
2	日喀则地区	18.05	29.89	18.60	32.92	17.87	32.99
3	山南地区	2.51	3.26	2.61	3.10	2.79	3.33
4	林芝地区	2.13	2.24	2.18	1.60	2.18	1.56
5	昌都地区	3.90	4.61	4.23	4.68	5.28	5.56
6	那曲地区	0.81	0.30	0.86	0.20	0.83	0.19
7	阿里地区	0.17	0.21	0.18	0.22	0.23	0.23
8	合计	33.60	60.07	35.60	65.59	35.79	66.99

（2）优势产区

蔬菜核心产区：拉萨市的曲水、堆龙德庆、达孜、林周和城关区 5 个县（区）；日喀则地区的白朗、拉孜、日喀则市、江孜 4 个县（市）；山南地区的乃东、贡嘎、扎囊、桑日 4 个县；昌都地区的昌都、察雅 2 个县；林芝地区的林芝、米林 2 个县；阿里地区的噶尔县；合计 18 个县（市、区）。

蔬菜提升产区：拉萨市的墨竹工卡县；日喀则地区的南木林、谢通门、仁布、萨迦、聂拉木、亚东、吉隆 7 个县；昌都地区的芒康、八宿 2 个县；山南地区的加查、琼结县 2 个县；林芝地区的波密、工布江达 2 个县；阿里地区的普兰、札达县 2 个县；合计 16 个县。

西藏蔬菜优势产区如图 5－3 所示。

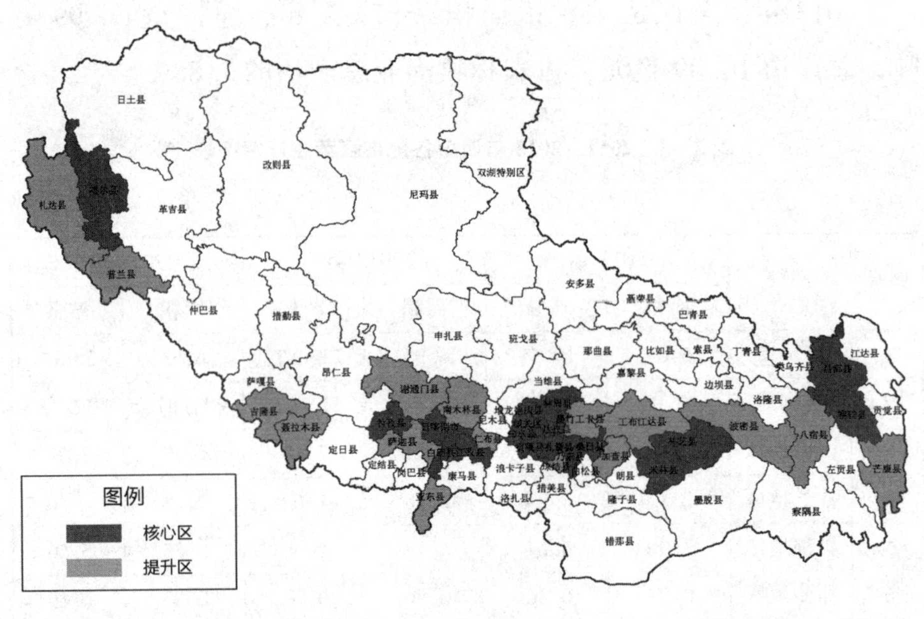

图 5－3　西藏蔬菜优势产区分布图

（3）存在的问题与发展条件

受投入限制和起步晚的影响，西藏蔬菜产业目前仍存在诸多问题，如设施蔬菜比例还较小，自给率相对较低，储藏保鲜设施欠缺、配送困难等。随着西藏居民生活质量的提高和城镇化的推进，当地消费者对蔬菜数量及品质的要求越来越高；青藏铁路的建成通车及其他交通设施的不断完善，西藏旅游业发展快速，旅客数量的增多增加了藏区蔬菜的实际需求。

2. 发展目标

到2020年，蔬菜种植面积达到50万亩，其中设施蔬菜种植面积达到15万亩，全区蔬菜总产量达到100万吨，实现常规蔬菜基本自给，蔬菜主要城镇供给率旺季达到90%以上；日光温室产品经过认证的绿色、有机蔬菜覆盖率50%以上。同时，外向型设施蔬菜初具规模，形成2～3个独具地方特色的名特优高原绿色蔬菜著名商标品牌，在内地高端市场占有一席之地。

3. 建设重点

（1）设施蔬菜标准化示范区建设

建设一批布局合理、特色明显、规模适度、综合效益较高的设施蔬菜示范区，对各个示范区做到统一规划、统一建设，确保示范区内道路、水电、机械、技术等配置完善。示范区主要承担区域内日光温室、塑料大棚的示范建设，新品种、新技术、新材料的引进、试验、示范、指导以及育苗服务工作。

（2）蔬菜生产基地建设

重点建立围绕主要城镇供给的设施蔬菜生产基地，建设一批蔬菜产业发展带。大力推广专用优良品种、集约化育苗、综合高效生产模式、配方施肥、机械化作业，增强蔬菜供应能力；重点发展高效节能日光温室和钢架塑料大棚，进一步提高温室面积在设施蔬菜种植中比重，增强设施蔬菜产业抗御自然灾害的能力，最大限度地提高单位面积土地的利用率、产出率和效益。

（3）小型设施蔬菜片建设

在交通不便，生产条件相对较差，但能发展设施蔬菜的偏远区域，建设一批小型设施蔬菜示范片，主要满足县城及周边农牧民的部分需求。

（4）蔬菜育苗中心建设

在蔬菜核心产区地市基础条件好的县建设蔬菜工厂化育苗中心，构建西藏优质蔬菜种苗生产与供应网络体系，承担自治区蔬菜种苗的供给。

（5）蔬菜综合试验科技示范园建设

以西藏农科院、曲水和白朗现代农业科技园区为依托，建设集育苗、设施、栽培、储藏、运输为一体的西藏高原绿色蔬菜研发中心。开展蔬菜品种选育，向育苗中心和全区提供优质蔬菜种苗；进行蔬菜现代种植技术研究、示范与培训，支撑西藏蔬菜产业发展。

专栏2　蔬菜基地建设工程

设施蔬菜标准化示范区建设工程　建设5个城郊蔬菜产业示范区，每个示范区建立500亩日光温室示范小区和塑料大棚示范小区各一个。承担区域内日光温室、塑料大棚的示范建设，新品种、新技术、新材料的引进、试验、示范、指导，以及育苗服务工作。

蔬菜生产基地建设工程　建设标准化塑料大棚蔬菜生产基地8万亩。

小型设施蔬菜片建设工程　建设设施蔬菜示范片1600亩。

蔬菜育苗中心建设工程　建设工厂化蔬菜育苗中心4个，承担区域内育苗服务工作。

蔬菜综合试验科技示范园建设工程　建设3个集成育苗、设施、栽培、储藏、运输等综合功能的蔬菜研发中心。开展蔬菜科技研发、示范与培训，支撑西藏蔬菜产业发展。

4. 建设布局

（1）设施蔬菜标准化示范区建设区域：拉萨市、日喀则地区、山南地区、昌都地区、林芝地区。

（2）蔬菜生产基地建设区域：18 个蔬菜核心产区县（市、区）。

（3）小型设施蔬菜片建设区域：16 个蔬菜提升产区县。

（4）蔬菜育苗中心建设区域：拉萨市、日喀则地区、山南地区、昌都地区。

（5）蔬菜综合试验科技示范园建设区域：西藏农科院、曲水和白朗现代农业科技园。

5.1.2.3 马铃薯基地

1. 发展现状

2013 年，全区马铃薯种植面积 23.66 万亩，总产量 38.79 万吨，平均单位产量 1.64 吨/亩。

表 5-4 2011—2013 年西藏各地市马铃薯生产情况

单位：万亩、万吨、吨/亩

产区	2011 年			2012 年			2013 年		
	面积	产量	单产量	面积	产量	单产量	面积	产量	单产量
拉萨市	4.35	8.70	2.00	3.76	9.09	2.42	3.69	9.28	2.51
日喀则地区	13.64	22.34	1.64	13.69	22.52	1.64	15.84	25.38	1.60
山南地区	1.81	3.13	1.73	2.01	3.52	1.75	1.80	3.15	1.75
林芝地区	0.32	0.15	0.46	0.44	0.20	0.45	0.36	0.18	0.50
昌都地区	1.52	1.13	0.74	0.50	1.32	2.64	0.69	0.26	0.38
那曲地区	0.02	0.01	0.41	0.02	0.01	0.40	1.23	0.51	0.41
阿里地区							0.05	0.03	0.51
合计	21.67	35.46	1.64	20.42	36.66	1.80	23.66	38.79	1.64

马铃薯核心产区：包括日喀则地区的南木林、日喀则2个县（市）；山南地区的贡嘎、乃东、扎囊3个县；合计5个县。

马铃薯提升产区：包括日喀则地区的谢通门、拉孜、萨迦、白朗、江孜、仁布6个县（市）；拉萨市的曲水县；合计7个县。

西藏马铃薯优势产区如图5-4所示。

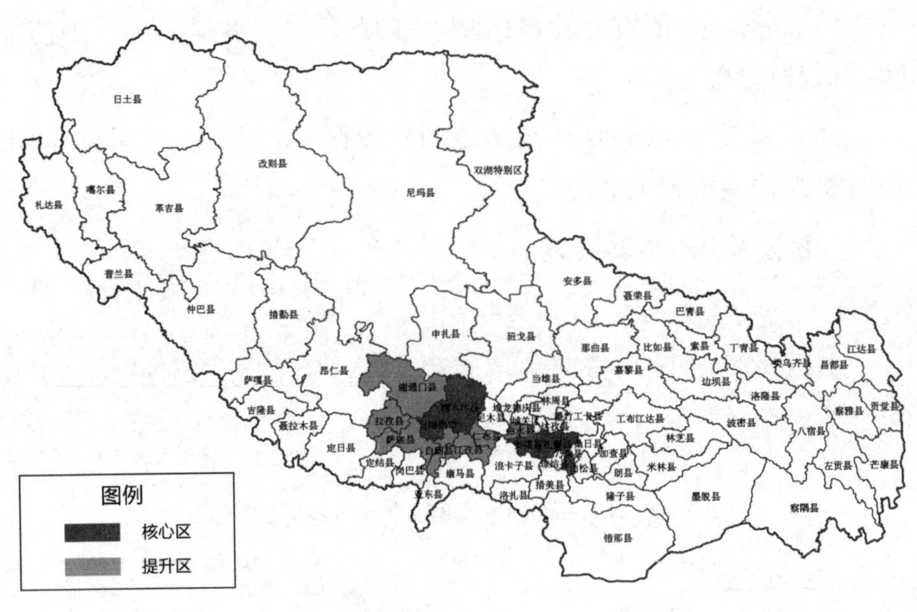

图5-4 西藏马铃薯优势产区分布图

2. 发展目标

到2020年，马铃薯种植面积稳定在25万亩，平均亩产达2000kg，总产量达到50万吨，区域内优质脱毒种薯普及率提高到60%，在符合种薯繁育条件的区域，生产优质种薯20万吨，优质种薯在全区种薯市场占有率达40%；专用薯面积达30%以上，加工专用薯满足本区加工企业需求。

3. 建设重点

根据“区域集中、规模做大、质量提升、效益提高”的发展思路，优先和重点发展马铃薯产业中最有潜力和市场潜力的地区，实行生产、加工和销售一条龙，实现马铃薯区域化布局、专业化生产、产业化开发、规模化经营。重点建设以下项目。

——建立满足不同需求的优质马铃薯生产基地 5 万亩。

——建设脱毒模式种薯繁殖基地 2 万亩，建设马铃薯良种扩繁培育中心 1 个，为西藏马铃薯种植区到 2020 年建成 25 万亩优质生产基地提供良种储备。

专栏 3　马铃薯基地建设工程

优质马铃薯基地建设工程　建设优质马铃薯生产基地 5 万亩。完善水利设施、田间道路、土壤改良；种植脱毒马铃薯；建设标准：1500 元/亩。

良种繁殖基地建设工程　建设脱毒马铃薯种薯繁殖基地 2 万亩。完善水利设施、田间道路、土地平整、土壤改良；建设标准：2000 元/亩。

良种扩繁工程　建设良种扩繁培育中心 2 个。建设标准：500 万元/个。

4. 建设布局

（1）优质马铃薯基地建设区域：12 个马铃薯优势产区县。

（2）良种繁殖基地建设区域：日喀则地区、山南地区。

（3）良种扩繁工程建设区域：日喀则地区、山南地区。

5.1.2.4　牦牛基地

1. 发展现状

（1）产业基础

2013 年，西藏牦牛存栏数 455.16 万头，出栏数 95.23 万头，出栏率 20.92%；牛肉产量 20.71 万吨。

表5-5　2011—2013年西藏各地市牦牛存栏、出栏情况 单位：万头、%

序号	产区	2011年			2012年			2013年		
		存栏数	出栏数	出栏率	存栏数	出栏数	出栏率	存栏数	出栏数	出栏率
1	拉萨市	55.54	12.65	22.80	48.76	15.11	31.00	48.00	10.00	20.51
2	日喀则地区	55.19	18.07	29.75	52.41	15.15	27.45	48.75	14.35	27.38
3	山南地区	27.18	6.25	23.00	26.24	6.52	24.00	23.93	6.56	25.00
4	林芝地区	17.98	1.98	11.00	18.20	2.05	11.50	18.19	1.09	6.00
5	昌都地区	124.80	36.46	29.21	124.80	24.29	19.46	120.11	30.00	20.00
6	那曲地区	193.68	42.57	22.51	188.92	45.73	23.61	181.53	31.77	16.81
7	阿里地区	14.73			14.65			14.65	1.46	9.97
8	合计	489.10	117.98	24.12	473.98	108.85	22.97	455.16	95.23	20.92

表5-6　2011—2013年西藏各地市牛肉产量 单位：万吨

序号	产区	2011年	2012年	2013年
1	拉萨市	2.31	2.42	2.51
2	日喀则地区	1.76	1.86	1.70
3	山南地区	1.41	1.59	1.69
4	林芝地区	0.56	0.59	0.60
5	昌都地区	6.93	7.37	7.58
6	那曲地区	4.67	5.63	6.32
7	阿里地区	0.25	0.29	0.31
8	合计	17.89	19.75	20.71

（2）优势产区

牦牛主要分布在以那曲、昌都两地区为中心的藏东北牧区、半农牧区，2013年两地区存栏数占全区的66.19%。

牦牛核心产区：包括拉萨市的当雄、林周2个县；日喀则地区的亚东县；那曲地区的那曲、安多、巴青、聂荣、嘉黎、比如、索县7个县；昌都地区的江达、昌都、类乌齐、芒康，丁青、八宿6个县；合计16个县。

牦牛提升产区：包括拉萨市的墨竹工卡县；昌都地区的贡觉、察雅、左贡、边坝、洛隆5个县；林芝地区的工布江达县；合计7个县。

西藏牦牛优势产区如图5－5所示。

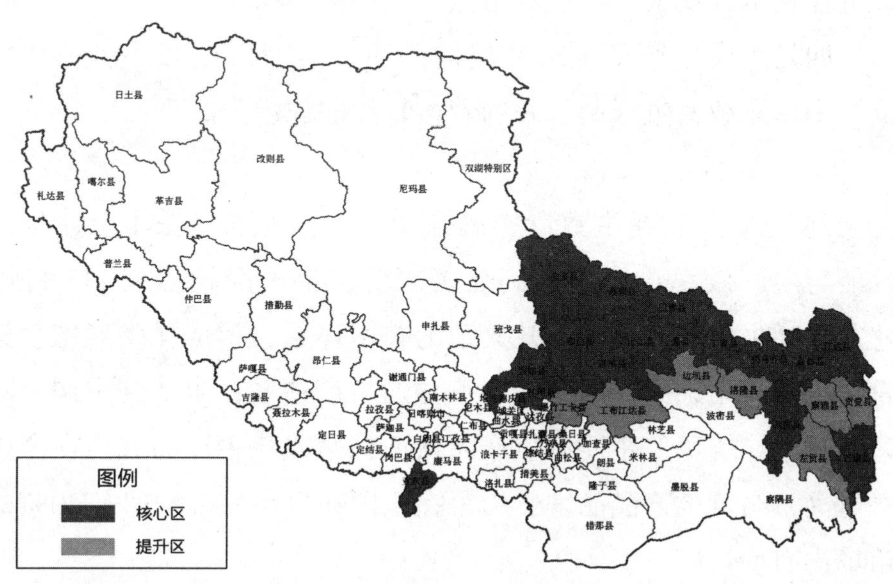

图5－5　西藏牦牛优势产区分布图

（3）存在的主要问题

一是基础设施薄弱。草原灌溉、草场围栏、牲畜暖棚圈等基础建设滞后于畜牧业的发展，高寒牧区仍有部分牧民处于游牧或半游牧状态，冬季牲畜保暖和补饲问题突出。

二是产业化程度低。养殖户大多为散户，组织化程度低，缺乏龙头企业的带动，缺乏统一的操作规程和完善的销售渠道，从而导致难以保证质量、不能有效发挥规模效应。牧民市场意识比较淡薄，重存栏、轻出栏，存在惜售现象。

三是科技支撑不足。由于地县两级农牧业技术员少、机构不健全等因素，导致科技贡献率不高，科技成果转化慢，科技进村入户难，支撑产业创新性科技研发滞后，品种改良滞后，没有形成主推品种杂交改良及与良种良法相配套的饲养管理育肥技术等关键性技术，农牧业特色养殖业科技支撑薄弱。

四是规模生产受生态环境的约束。自治区生态环境系统脆弱，受草原载畜量限制，制约着畜牧业的规模生产。

2. 发展目标

到2020年，牦牛数量控制在450万头左右，牦牛个体生产性能与生产效率总体上得到显著提升，牛肉产量达到21万吨；建立起牦牛品种改良及高效繁殖的技术体系，形成牦牛养殖、繁育、示范与培训的标准化、规范化的生产体系；申请到中国、欧盟、日本、美国等主要有机产品认证，西藏牦牛产品成为在全国具有高知名度的产品品牌，力争在全国牦牛产品市场拥有40%的市场占有率。

3. 建设重点

（1）牦牛保种选育、品种改良与复壮基地

针对草地退化以及以家庭为单位喂养等原因而造成的牦牛近亲繁殖、体格变小、体重下降、繁殖率低、抗病力弱、死亡率高等严重退化现象，建立牦牛保种选育、品种改良与复壮配套技术规范，建设牦牛保种选育、品种改良与复壮基地，进行牦牛的保种选育、良种的试验、繁育和推广，研究和推广牦牛复壮新技术，培养具有西藏特色的牦牛新品系，试验和确定适宜西藏不同区域的良种牦牛杂交组合，进一步提高西藏牦牛的良种覆盖率，逐渐提高牦牛生产性能和产品产出能力。

（2）牦牛养殖、育肥与生产示范、培训基地

在生产环节，重点推广牦牛经济杂交改良技术、牦牛适时出栏配套技术，犊牛培育及优质牦牛肉生产技术、暖棚养畜及补饲育肥技术。集成草地围封养育、放牧、补饲、暖棚、疾病防控、鼠虫灾害防治等多种途径与技术手段，建立牦牛优化饲养配套技术规范，建设标准化、规范化的牦牛养殖、育肥与生产示范、培训基地。

充分发挥各级扶持资金的引导作用，吸引民间资本，扶持发展家庭农场，通过育肥加大出栏，调整和优化牦牛畜群结构，提高产业效益。

专栏 4　牦牛基地建设工程

牦牛原种保护场建设工程　建设 5 个原种保护场。每个场饲养牦牛 500 头，年推广种用牦牛 300 头。

牦牛品种改良与复壮基地建设工程　建设 6 个牦牛品种改良与复壮基地。开展良种牦牛杂交组合，提供优良种公牛。

牦牛养殖、育肥与生产示范、培训基地建设工程　建设 16 个牦牛养殖、育肥与生产示范、培训基地。每个基地 1 次育肥 1000 头，年出栏 2 次，作为自治区牦牛肉市场季节性调节储备；开展标准化养殖技术培训，推广增产育肥技术。

4. 建设布局

（1）牦牛原种保护场：布局在那曲地区、昌都地区和日喀则地区的亚东县。

（2）牦牛品种改良与复壮基地：布局在拉萨市、那曲地区、昌都地区的各 2 个重点县。

（3）牦牛养殖、育肥与生产示范、培训基地：布局在牦牛核心产区 16 个县。

5.1.2.5　藏系绵羊基地

1. 发展现状

（1）产业基础

2013 年，西藏绵羊存栏数 795 万只，出栏数 304.3 万只，出栏率 38.3%；羊肉产量 7.50 万吨，绵羊毛产量 8028 吨，是全国绵羊饲养量最多的省区之一。

表 5-7　2011—2013 年西藏各地市绵羊存栏、出栏情况

单位：万头、%

序号	产区	2011 年			2012 年			2013 年		
		存栏数	出栏数	出栏率	存栏数	出栏数	出栏率	存栏数	出栏数	出栏率
1	拉萨市	40	12.8	31.9	35	12.6	36.0	31	13.0	42.9
2	日喀则地区	281	89.1	31.7	272	97.4	35.8	265	120.9	44.6
3	山南地区	102	39.2	38.4	94	39.9	42.5	89	39.5	42.0
4	林芝地区	4	0.8	19.8	4	0.9	22.3	3	0.5	16.7
5	昌都地区	75	28.0	37.3	68	27.2	40.1	64	24.3	38.0
6	那曲地区	284	111.9	39.4	262	102.9	39.3	246	74.0	30.1
7	阿里地区	113	33.4	29.6	107	34.2	32.0	97	32.1	33.1
8	合计	899	315.1	35.1	842	315.1	37.4	795	304.3	38.3

表 5-8　2011—2013 年西藏各地市羊肉、绵羊毛产量

单位：万吨、吨

序号	产区	2011 年		2012 年		2013 年	
		羊肉	绵羊毛	羊肉	绵羊毛	羊肉	绵羊毛
1	拉萨市	0.63	308.17	0.51	277.01	0.44	278.80
2	日喀则地区	1.98	2071.90	1.84	2010.92	1.67	1881.31
3	山南地区	0.67	1277.29	0.71	1133.75	0.60	1053.17
4	林芝地区	0.03	57.66	0.04	57.31	0.03	45.66
5	昌都地区	1.18	608.58	1.09	709.72	1.03	603.62
6	那曲地区	2.81	2562.10	2.55	2894.64	2.42	3009.78
7	阿里地区	1.31	1199.56	1.34	1307.94	1.31	1155.58
8	合计	8.61	8085.26	8.08	8391.29	7.50	8027.92

（2）优势产区

绵羊主要分布在以日喀则地区西部、那曲地区中西部、阿里地区南部、拉萨市北部为中心的牧区、半农半牧区。

藏系绵羊核心产区：包括日喀则地区的仲巴、昂仁、拉孜、萨迦、萨嘎、聂拉木、定日、定结、岗巴、日喀则、谢通门、南木林、白朗、江孜、仁布、康马16个县；那曲地区的尼玛、双湖、申扎、班戈、那曲、安多6个县；阿里地区的改则、革吉、措勤，日土4个县；拉萨市的当雄、林周2个县；山南地区的浪卡子、贡嘎、隆子、措美4个县；昌都地区的贡觉、芒康2个县；合计32个县。

藏系绵羊提升产区：包括日喀则地区的吉隆、亚东2个县；那曲地区的聂荣县；阿里地区的噶尔、札达、普兰3个县；拉萨市的尼木、墨竹工卡2个县；山南地区的曲松、错那、洛扎、乃东、扎囊5个县；昌都地区的江达、察雅、八宿、左贡4个县；合计17个县。

西藏藏系绵羊优势产区如图5-6所示。

（3）存在的主要问题

一是绵羊整体单产较低，羊毛综合品质较差。对半细毛羊、地毯毛的选育不足，品种退化，优秀种羊的培育、扩繁工作滞后，技术攻关及技术推广力度不足。

二是品种杂、良种化程度低、生产力水平不高。在长期的自然选择和人工选育的作用下，具有一批耐粗饲、适应性强、生产性能较高的地方类群和品种，如阿旺绵羊、多玛绵羊、彭波半细毛羊等，这些品种在当地养羊业中发挥了重要作用，但真正生产性能高的品种所占比例还有待提高。

三是绵羊养殖以千家万户分散饲养为主。绝大多数农户把养

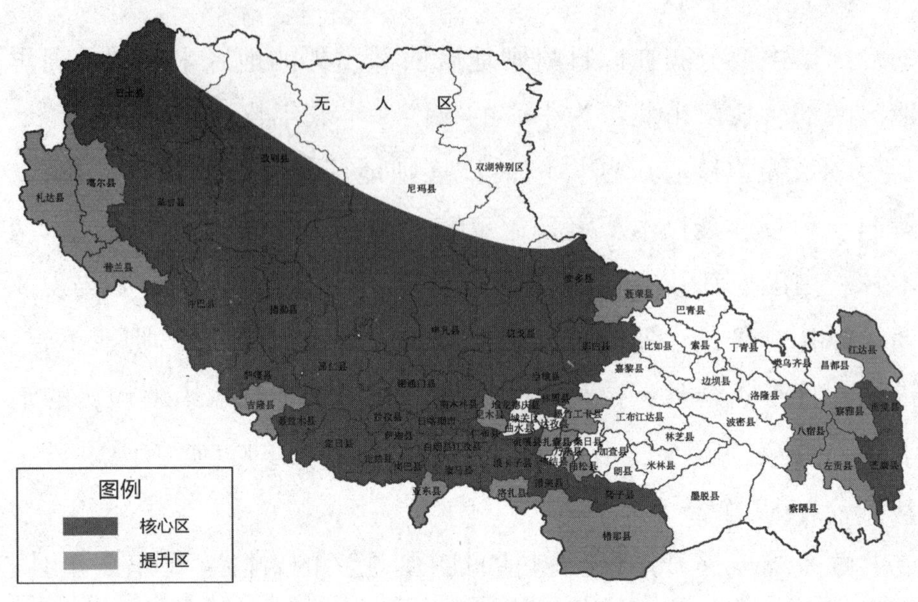

图5－6　西藏藏系绵羊优势产区分布图

羊作为一种家庭副业，只起到补充家庭收入和积肥作用，饲养管理人员用辅助劳动力，以放牧为主，只补饲少量饲草。这种分散经营和粗放管理的方式，不利于充分利用当地资源，影响进入市场和参与市场竞争，不利于采用先进实用的综合配套技术，提高产量和质量，不利于抵御自然灾害，进一步发展受到限制。

2. 发展目标

到2020年，绵羊存栏数稳定在800万只左右，出栏率提高到45%，适龄母畜比例达到55%，羊肉产量达到8万吨。绵羊品种改良稳步推进，健全良种繁育与推广体系，使良种及配套技术及时推广。建成一批种业生产基地，养殖技术与效益得到有效提升，使羊肉、羊毛生产基地能够稳定、均衡的调出优质产品，并成为该区域的主导产品。

3. 建设重点

继续大力建设已具一定规模的日喀则地区西部、那曲地区中西部、阿里地区南部、拉萨市北部绵羊产业带，进一步完善棚圈等基础设施，种羊场建设。通过人工种草及跨区域调配等方式解决饲草料短缺的问题，做好良种扩繁和短期育肥工作，提高绵羊的产肉性能。

（1）种羊原种场建设

建设种羊纯种原种场 7 个，每个场存栏羊 1050 只，其中种公羊 50 只，基础母羊 1000 只，共计 7350 只。

（2）扩繁场建设

建设种羊扩繁场 32 个，每个场存栏种母羊 300－500 只，共计 12000 只，其中种公羊 480 只，基础母羊 11520 只。

（3）绵羊短期育肥基地建设

针对藏系绵羊个体生产性能低，出栏率低的现状，在 32 个核心产区县特别是岗巴羊主产区推进藏绵羊短期育肥基地的建设，每个育肥场饲养规模 2000 只，共计 6.4 万只。重点建设冬暖圈、套网围栏、药浴池、检疫室、草料库、人工饲草地等，提高出栏率，增加肉产量。

（4）农牧民示范户建设

通过以奖代补的方式，扶持养殖大户、家庭农场 10000 户，养殖绵羊 50 万只。

（5）品种资源鉴定

利用 3—5 年对阿旺绵羊、多玛绵羊、岗巴羊、霍巴羊优良类群生产性能进行连续测定与数据统计分析，对毛、肉等产品进行品质分析与数据统计分析，制定上述优良类群的地方标准，在此基础上向国家畜禽遗传资源委员会申请遗传资源决定。

（6）技术员与农牧民培训

对技术人员和养殖户开展绵羊改良技术培训工作。

专栏5　藏系绵羊基地建设工程

原种场建设工程　建设7个原种场，饲养种公羊350只，基础母羊7000只。

扩繁场建设工程　建设32个扩繁场，饲养种公羊480只，基础母羊11520只。

短期育肥基地建设工程　建设32个绵羊育肥基地。每个基地1次育肥2000头，年出栏3次，作为自治区羊肉市场季节性调节储备；开展标准化养殖技术培训，推广增产育肥技术。

农牧民示范户建设工程　扶持养殖大户、家庭牧场10000户，养殖绵羊50万只。

品种资源鉴定工程　对阿旺绵羊、多玛绵羊、岗巴羊、霍巴羊优良类群生产性能进行连续测定与数据统计分析，对毛、肉等产品进行品质分析与数据统计分析，制定上述优良类群的地方标准，在此基础上向国家畜禽遗传资源委员会申请遗传资源决定。

技术员与农牧民培训工程　对技术员和农牧民开展绵羊改良技术培训。

4. 建设布局

（1）原种场建设地点：①阿旺绵羊原种场建设在西藏昌都地区江达县觉用牧场；②多玛绵羊原种场建设在那曲地区安多县牧场；③岗巴绵羊原种场建设在日喀则地区岗巴县种羊场；④霍巴绵羊原种场建设在日喀则地区霍巴县种羊场；⑤彭波半细毛羊原种场建设在自治区曲尼帕现代畜牧业示范基地；⑥象雄半细毛羊原种场建设在阿里地区种羊场；⑦萨福克肉羊原种场建设在自治区曲尼帕现代畜牧业示范基地。

（2）扩繁场建设区域：32个核心产区县。

（3）短期育肥场建设区域：32个核心产区县。

（4）农牧民示范户区域：32个核心产区县和17个提升产区县。

（5）品种资源鉴定工程区域：7 个原种场。

（6）技术员与农牧民培训工程区域：32 个核心产区县。

5.1.2.6　奶牛基地

1. 发展现状

（1）产业基础

西藏没有严格意义上的专用奶牛品种，产奶以黄牛为主。2013 年全区黄牛存栏 79.31 万头，其中，黄牛母牛存栏 52.84 万头、适龄母牛存栏 35.32 万头；现有改良黄牛存栏 18.70 万头。

表 5－9　2013 年西藏黄牛存栏情况统计表　　单位：万头、%

序号	产区	黄牛存栏		母牛存栏		适龄母牛存栏		改良黄牛存栏	
		数量	比重	数量	比重	数量	比重	数量	比重
1	拉萨市	14.72	18.57	7.19	13.60	5.02	14.22	5.61	30.03
2	山南地区	18.74	23.63	13.67	25.87	9.37	26.54	8.20	43.88
3	日喀则地区	21.79	27.47	15.51	29.36	10.97	31.07	4.44	23.77
4	林芝地区	5.43	6.84	2.57	4.86	1.76	4.99	0.08	0.45
5	昌都地区	18.63	23.48	13.90	26.31	8.19	23.19	0.35	1.88
6	合计	79.31	100.00	52.84	100.00	35.32	100.00	18.70	100.00

2013 年全区奶类总产量达到 32.52 万吨，其中牛奶产量达到 26.51 万吨。

表 5－10　2011—2013 年西藏各地市产奶情况表　　单位：万吨

序号	产区	2011 年		2012 年		2013 年	
		奶类	牛奶	奶类	牛奶	奶类	牛奶
1	拉萨市	3.18	2.97	3.28	3.07	3.48	3.38
2	日喀则地区	7.43	5.08	7.38	5.07	7.52	5.16
3	山南地区	4.52	4.19	4.68	4.33	4.80	4.45

续表

序号	产区	2011 年		2012 年		2013 年	
		奶类	牛奶	奶类	牛奶	奶类	牛奶
4	林芝地区	2.18	2.17	2.14	2.14	2.24	2.23
5	昌都地区	8.08	6.99	8.15	7.05	8.07	7.02
6	那曲地区	5.05	3.78	5.16	3.86	5.51	4.16
7	阿里地区	0.92	0.15	0.90	0.12	0.90	0.11
8	合计	31.35	25.34	31.69	25.64	32.52	26.51

（2）优势产区

西藏黄牛在雅鲁藏布江中、下游、喜马拉山东段和三江流域下游地区分布较集中，占全区改良黄牛总数的50%以上。

奶牛核心产区：拉萨市的林周、曲水、堆龙德庆3个县；日喀则地区的日喀则市、江孜、白朗、南木林4个县（市）；山南地区的隆子、乃东、贡嘎、扎囊4个县；昌都地区的昌都县；林芝地区的林芝县；阿里地区的噶尔县；合计14个县。

奶牛提升产区：拉萨市的达孜县；日喀则地区的拉孜、萨迦、谢通门、仁布4个县；山南地区的加查、琼结、桑日3个县；林芝地区的米林、工布江达2个县；合计10个县。

西藏奶牛优势产区如图5－7所示。

（3）存在的主要问题

一是科技投入不足，优质奶牛种源不足。畜禽良种是畜牧业发展的物质基础，是畜牧业科技成果转化的主要载体和基本手段。黄牛养殖长期存在着牛群近亲繁殖、品种、品质、生产性能下降、个体发育缓慢、群体繁育能力与繁育速度下降、系谱不清等问题，平均单产只有1吨多，与全国平均单产近5吨的水平有很大差距，优质奶牛种源不足，远远不能满足自治区奶牛养殖的

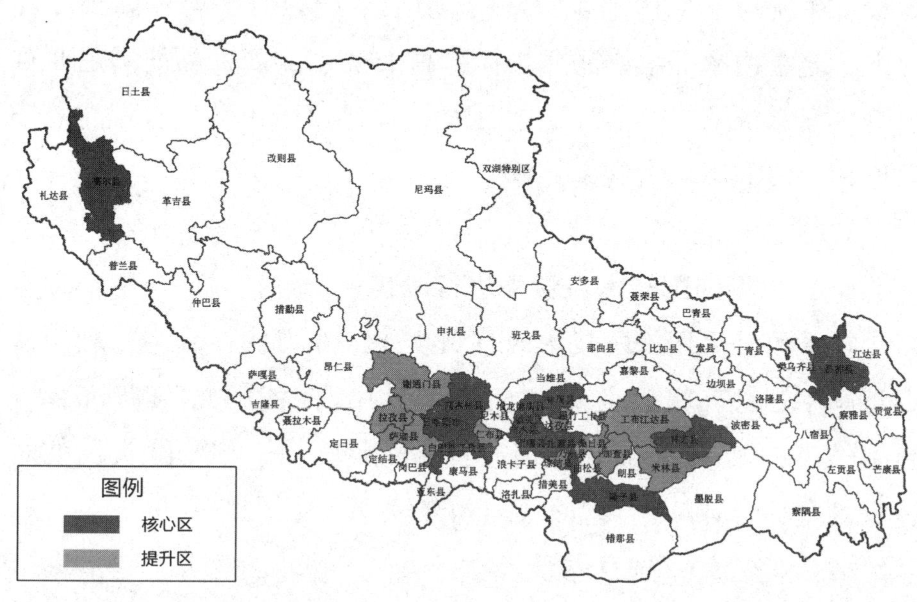

图 5 -7　西藏奶牛优势产区分布图

需要，加强黄牛改良工作十分迫切。

二是养殖方式粗放，比较落后。大部分散养户养殖观念没得到转变，饲喂方式还主要以秸秆为主，饲喂的精饲料比例小，不能满足奶牛产奶需求，导致产奶量很低。

三是管理不规范。散养户的饲喂环境、饲草料配比、卫生、挤奶等养殖水平参差不齐，给奶牛的统一管理带来了很大困难。

四是由于缺乏资金，导致发展后劲不足。奶牛养殖组织化程度不高，多以家庭养殖为主，养殖规模小、养殖设施简陋，由于自身经济实力有限，缺乏引进优良品种、改善设施的资金，导致发展后劲不足。

2. 发展目标

到 2020 年，完成黄牛改良 150 万头，新增适龄母牛存栏 36

万头，牛奶总产量达到42万吨；奶牛单产力争平均提高到2吨以上，乳蛋白率等牛奶品质指标提高15%；牛奶产品能满足西藏自身市场需求的70%以上，在国内乳制品高端市场具有较高的知名度和一定的市场占有率。

3. 建设重点

（1）采用冻配技术对黄牛进行改良

在黄改县采用冷配技术改良黄牛116.5万头，其中，利用荷斯坦奶牛细管冻精改良92.5万头、乳用西门塔尔牛细管冻精改良10万头、娟姗牛细管冻精改良14万头。按150元/头标准对改良进行综合补贴，共需补贴17475万元。

（2）完善奶牛选育体系

对曲水县才纳现代畜牧业示范基地奶牛选育场基础设施进行技术改造，引进优质奶牛，改扩建牛舍，完善饲料加工、储藏等生产设施、设备。预计改造费用480万元。

设立优质奶牛选育推广补助。对8个奶牛选育场按照每年选育推广的优质奶牛数量进行补助，每选育推广1头优质奶牛补助5000元、群众自筹3000元。共需补助1175万元，自筹705万元。

（3）完善黄牛改良配种点体系

维修改造黄牛改良配种点10个。维修改造面积600平方米（平均每个配种点60平方米）；更新和添置配种仪器设备。投资标准为10万元/个，需投资100万元。

新建黄牛改良配种点7个，每个配种点建设标准60平方米，共计420平方米；每个新建配种点配备专用仪器设备。投资标准为15万元/个，需投资105万元。

（4）完善液氮生产厂

对昌都地区液氮生产厂进行改扩建。改扩建厂房300平方米，购置液氮生产设备和运输设备。需投资205万元。

（5）配套建设牛舍和人工饲草地

对新增36万头优质奶牛配套建设牛舍和人工饲草地，按每头奶牛平均需牛舍5平方米、人工饲草地1亩进行补助。补贴标准为：牛舍建设500元/头（每平方米补助100元），人工饲草地建设200元/头（每亩补助200元）；共需补贴25200万元。

（6）开展育种研究

从2013年开始，设立专项课题，由自治区畜牧科研院所开展育种方向的研究，研究与试验适应西藏高寒环境的良种奶牛引进、繁育、冻精、胚胎推广、档案登记、“引”“管”结合等选育改良技术，为全区黄牛改良工作提供技术支撑。研究时间暂定5年，计划在拉萨市达孜县、日喀则地区白朗县、山南地区乃东县进行。研究经费按60万元/县/年估算，共需经费900万元。

专栏6　奶牛基地建设工程

黄牛改良工程　采用冷配技术改良黄牛116.5万头，按150元/头标准对改良进行综合补贴。

奶牛选育场建设工程　改扩建奶牛选育场1个。引进优质奶牛，完善基础设施，添置相关设备。

奶牛选育推广工程　对8个奶牛选育场按照每年选育推广的优质奶牛数量进行补助，每选育推广1头优质奶牛补助5000元、群众自筹3000元。计划每个选育场年均选育推广优质奶牛50头，7个场补助8年，曲水县才纳现代畜牧业示范基地补助5年。

黄牛改良配种点建设工程　维修改造黄牛改良配种点10个；维修改造面积600平方米，更新和添置配种仪器设备；投资标准为10万元/个。

新建黄牛改良配种点7个；每个配种点建设标准60平方米，共计420平方米；每个配种点配备专用仪器设备；投资标准为15万元/个。

液氮生产厂建设工程　改扩建液氮生产厂1个。改扩建厂房300平方米，购置液氮生产设备和运输设备；投资标准为205万元/个。

牛舍和人工饲草基地建设工程 对新增36万头优质奶牛配套建设牛舍和人工饲草地，按每头奶牛平均需牛舍5平方米、人工饲草地1亩进行补助。补贴标准为：牛舍建设500元/头，人工饲草地建设200元/头。

育种研究 由自治区畜牧科研院所开展育种方向的研究。研究时间暂定5年，在3个县进行，研究经费900万元。

4. 建设布局

（1）黄牛改良工程区域：自治区黄改区36个县。

（2）奶牛选育场建设工程区域：拉萨市曲水县才纳现代畜牧业示范基地。

（3）奶牛选育推广工程区域：堆龙德庆县古龙奶牛良种繁育有限公司、曲水县才纳现代畜牧业示范基地、日喀则地区种畜场、江孜县奶牛扩繁场、白朗县旺达奶牛扩繁基地、乃东县白荣奶牛扩繁场、隆子县奶牛扩繁基地、林芝地区种畜场。

（4）黄牛改良配种点建设工程区域：自治区黄改区6个县。

（5）液氮生产厂建设工程区域：昌都地区液氮生产厂。

（6）牛舍和人工饲草基地建设工程区域：自治区黄改区37个县。

（7）育种研究项目区域：拉萨市达孜县、日喀则地区白朗县、山南地区乃东县3个县。

5.1.3 名优型特色产品基地建设

5.1.3.1 绒山羊基地

1. 发展现状

（1）产业基础

2013年，西藏绒山羊存栏数470万只，产绒量894吨。

表 5－11　2011—2013 年西藏各地市绒山羊存栏情况

单位：万只、吨

序号	产区	2011 年		2012 年		2013 年	
		存栏数	产绒量	存栏数	产绒量	存栏数	产绒量
1	日喀则地区	163.82	255.39	155.66	251.31	142.38	219.73
2	山南地区	29.99	23.57	25.99	28.15	22.62	23.43
3	林芝地区	4.85	9.80	4.80	8.00	3.53	3.00
4	昌都地区	24.93	140.11	53.20	137.90	51.79	139.73
5	那曲地区	132.64	250.44	120.63	251.29	116.44	217.39
6	阿里地区	140.88	266.26	126.48	263.08	133.09	290.88
7	合计	497.11	945.57	486.76	939.73	469.85	894.16

（2）优势产区

藏西北百万绒山羊主要分布在阿里地区和那曲地区西部和日喀则地区西部，且 90% 以上分布在藏西北地区的羌塘草原。

绒山羊核心产区：产业布局以日土、尼玛两县为中心的藏西北高寒牧区共 12 个县，包括阿里地区的日土、噶尔、革吉、改则、措勤 5 个县；那曲地区的申扎、班戈、尼玛、双湖 4 个县；日喀则地区的仲巴、萨嘎、昂仁 3 个县。

绒山羊提升产区：包括日喀则地区的吉隆县。

西藏绒山羊优势产区如图 5－8 所示。

（3）存在的主要问题

①品种退化

受传统观念影响，局部区域绒山羊的繁殖存在乱配现象，出现了绒细度增粗、绒品质下降的品种退化问题。

②生产力及饲养管理水平较低

西藏山羊绒虽然品质一流，然而其产量很低，仅 230 克左右。多年来，绒山羊养殖大多采用传统的饲养方法，以放牧为

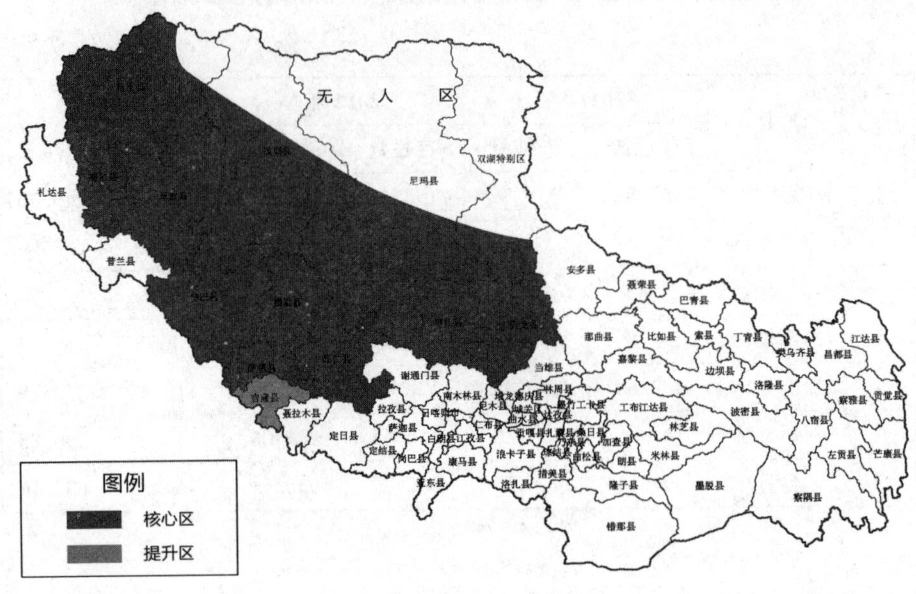

图 5－8 西藏绒山羊优势产区分布图

主，基本处于“靠天养畜”的生存状态，使品种的优良形状未能充分体现。近年来，由于草原载畜量降低，饲草生长期短，产草量极低，羊只采食不到足够的营养物质，并且缺少绒山羊生长不同阶段饲料补饲标准、补饲配方、饲料添加剂，疫病防治技术等，使绒山羊产业发展缓慢。

③生产关系不能有效适应生产力的发展

西藏绒山羊主要分布在地域广阔、气候比较寒冷干燥的藏西北羌塘草原，饲养方式为以家庭为单位分散饲养。由于受经济条件制约和气候恶劣、牧户住地分散、交通不变、全年无绝对无霜期等诸多因素影响，不能形成规模；不能目标明确地生产出适销对路的有一定批量的产品进入市场参与竞争；不能利用先进的生产技术，提高经济效益；不能抵御自然灾害，使得绒山羊产业进一步发展受到严重阻碍。

④资金投入力度不够，从业人员匮乏

国家投资延续性不够，使很多项目受到限制，只能依靠财政补助；当地科技人才匮乏，科技力量薄弱，更新知识机会较少，人才流失严重；乡村兽防人员严重缺乏、药品短缺，疫病防治工作无法正常开展，造成羊只减产。

2. 发展目标

以阿里、那曲、日喀则西部地区绒山羊产业带建设为重点，以绒山羊原种场、扩繁场为中心、进行畜群结构调整，加大绒山羊本品种选育力度，使绒山羊遗传基因更加稳定、生产性能更优良。到2020年，绒山羊存栏数控制在400万只左右，绒山羊个体产绒量增加20克。

3. 建设重点

重点扶持建设藏西北高原以优质绒山羊为主要产品的培育基地和生产基地，以及羊绒分梳加工和绒产品深层次开发企业。

（1）绒山羊培育基地建设

藏西北地区的绒山羊是世界上最优质的绒山羊品种之一，目前绒山羊的发展应该调整羊群结构，减少普通山羊，增加白绒山羊存栏数量，提高个体产绒量，淘汰杂色山羊数量，通过加强原种场、扩繁场的建设，补充优质基础母羊，逐渐用高产白绒山羊品种代替杂色山羊，提高品种质量。

改扩建原种场，包括扩建种羊舍、过冬暖圈，完善人工授精室、饲草料加工房和库房、检疫及实验用房、管理用房等配套生产设施；扩建饲草种植基地；添置仪器设备。

新建种羊扩繁场12个，每个场存栏种母羊300－500只。包括新建羊舍、过冬暖圈、人工授精室、饲草料库房、检疫及实验用房、管理用房；建设饲草种植基地12个，共计面积10000亩。

（2）规模化养殖基地建设

针对藏绒山羊个体生产性能低、产毛量低的现状，在优势产区推进绒山羊规模化养殖基地建设，每个养殖场饲养规模2000只，同时开展配种服务。

（3）草场建设

推广草场建设技术，开展草场围栏、人工种草、草料库等基础设施建设，在加强消灭草原鼠害的同时，对产草量差，肥力差的草场进行土壤改良，提高当地牧草产量。并在有条件的地方开发水源，划区轮牧，部分适宜区域推广种植青饲料，加大对山羊进行补饲。

（4）绒山羊产业细胞工程建设

针对绒山羊养殖户围绕暖圈、草料库、草地围栏建设制定建设标准和补助标准，给予资金补助扶持；制定培训计划，开展生产技术培训。

专栏7　绒山羊基地建设工程

原种场建设工程　改扩建原有原种场，完善配套生产设施，添置仪器设备。

扩繁场建设工程　建设12个扩繁场，饲养种公羊180只，基础母羊4320只。

养殖基地建设工程　建设13个养殖场。每个养殖场饲养规模2000只，合计26000只；同时开展配种服务，开展标准化养殖技术培训。

绒山羊产业细胞工程　扶持养殖大户、家庭牧场3000户。重点对暖圈、草料库、草地围栏建设给予资金补助扶持。

4. 建设布局

（1）绒山羊原种场改扩建：现有绒山羊原种场。

（2）绒山羊扩繁场建设区域：12个绒山羊核心产区县。

（3）规模化养殖基地建设区域：13 个绒山羊优势产区县。

（4）绒山羊产业细胞工程建设区域：13 个绒山羊优势产区县。

5.1.3.2 藏猪基地

1. 发展现状

（1）产业基础

西藏生猪养殖以藏猪为主，约占 75～80%。2013 年西藏生猪存栏 34 万头、出栏 17.86 万头，猪肉产量 1.02 万吨。

表 5－12 2011—2013 年西藏各地市生猪存栏、出栏、肉产量情况

单位：万头、万吨

序号	产区	2011 年			2012 年			2013 年		
		存栏数	出栏数	肉产量	存栏数	出栏数	肉产量	存栏数	出栏数	肉产量
1	拉萨市	4	3	0.20	5	3.09	0.21	4	2.42	0.17
2	日喀则地区	1	1	0.09	1	0.85	0.06	1	0.91	0.06
3	山南地区	2	3	0.15	2	2.15	0.11	2	2.13	0.11
4	林芝地区	22	9	0.50	22	9.57	0.51	22	9.36	0.50
5	昌都地区	6	3	0.22	5	3.54	0.24	5	2.84	0.17
6	那曲地区	1	0	0.01	…	0.12	0.01	…	0.20	0.01
7	合计	36	20	1.17	36	19.32	1.14	34	17.86	1.02

（2）优势区域

藏猪养殖以林芝地区养殖规模最大、分布最广，工布江达县于 2011 年被国家列为“国家级藏猪保护区”，成为西藏首个国家级畜禽遗传资源保护区。

藏猪核心产区：包括林芝地区的工布江达、林芝、米林、波密4个县。

藏猪提升产区：包括林芝地区的察隅县；那曲地区嘉黎县；拉萨市的曲水、堆龙德庆、达孜、林周4个县；日喀则地区的日喀则市；山南地区的乃东、琼结2个县；合计9个县。

西藏藏猪优势产区如图5－9所示。

图5－9 西藏藏猪优势产区分布图

（3）存在的主要问题

长期以来乱配引起的藏猪种群混杂、品种退化问题，近年来虽得到改善，但藏猪保种选育力度仍需加强，良种覆盖率亟待提高。藏猪生产应从单纯追求数量的规模化，转变为以生产纯种藏猪为核心的品质、数量同步规模化。

农户对藏猪的科学化、标准化养殖技术掌握率偏低。分散养殖、靠天养殖的传统经营模式未得到根本性转变，直接导致藏猪养殖业生产效率低下、发展后劲不足等问题。

目前发展区域藏猪养殖基地尚未形成以市场为导向的生产模式，缺乏规模化龙头企业组织藏猪产品的加工开发及销售，导致养殖产品加工率、商品转化率较低，经济效益未能凸显。

2. 发展目标

到2020年，藏猪出栏规模达到50万头，猪肉产量达到3万吨；藏猪良种覆盖率达到90%。

3. 建设重点

（1）藏猪种源保护

以工布江达为中心建设藏猪种源核心保护区，在保护区内建设种猪原种场，开展藏猪品种提纯复壮研究，运用现代分子生物学选育保种技术有效恢复和保护藏猪资源品种；建立西藏高原藏猪系谱，避免藏猪种群混杂，有效保护纯种性；深化藏猪遗传多样性研究与标准制定、藏猪优良抗病基因发掘工作，提高藏猪品质。原种场同时进行藏猪品种选育，向全区提供良种种猪。

（2）扩繁基地

在藏猪核心产区建设一批藏猪标准化扩繁基地，形成“核心保护区——扩繁基地”同步推进的良繁体系。核心保护区重点开展藏猪种源保护和良种推广工作；扩繁养殖基地重点开展藏猪繁育及养殖示范工作，实行适度规模养殖。

（3）养殖基地

扶持一批有实力的藏猪养殖专业合作社和龙头企业，建设一批标准化养殖场，达到年出栏商品仔猪30万头的养殖规模。养殖场可从藏猪扩繁基地引进仔猪进行养殖，同时自己也繁育仔猪。养殖场以生产商品仔猪为主，以自养为辅，采用统一提供仔猪、饲料、技术、防疫、销售商品猪的“五统一”方式，带动广大农户进行藏猪养殖。

专栏8　藏猪基地建设工程

品种资源保护区与原种场建设工程　建设2个藏猪种猪原种场。每个原种场饲养规模1000头，合计饲养规模2000头，为全区提供良种种猪。建设标准：1000万元/个。

扩繁场建设工程　建设6个扩繁场。其中4个扩繁场每个场饲养规模1000头，9个扩繁场每个场饲养规模500头，合计饲养规模8500头；为所在区域提供良种繁育、养殖示范和技术培训。

养殖基地建设工程　扶持一批藏猪养殖专业合作社和龙头企业，建设一批标准化养殖场，达到年出栏商品仔猪30万头的养殖规模；养殖场以生产商品仔猪为主，以自养为辅，采用统一提供仔猪、饲料、技术、防疫、销售商品猪的“五统一”方式，带动广大农户进行藏猪养殖。

4. 建设布局

（1）品种资源保护区与原种场建设工程区域：林芝地区工布江达县。

（2）藏猪扩繁场区域：1000头规模扩繁场布局在4个藏猪核心产区县，500头规模扩繁场布局在9个藏猪提升产区县。

（3）藏猪养殖基地区域：13个藏猪优势产区县。

5.1.3.3　藏鸡基地

1. 发展现状

（1）产业基础

近年来，西藏藏鸡养殖发展迅速，2013年，藏鸡养殖规模163万只。

表 5－13　2011－2013 年西藏各地市藏鸡养殖规模　　单位：万只

序号	产区	2011 年	2012 年	2013 年
1	拉萨市	19.90	20.10	35.70
2	日喀则地区	40.01	31.92	36.66
3	山南地区	52.31	58.08	62.00
4	林芝地区	12.90	17.45	20.64
5	昌都地区	5.58	7.31	7.59
6	合计	130.70	134.86	162.59

（2）优势区域

藏鸡主要分布于雅鲁藏布江中游及其支流河谷区。

藏鸡核心产区：包括山南地区的乃东、贡嘎、扎囊、琼结、桑日 5 个县；拉萨市的尼木、曲水、达孜、堆龙德庆、城关 5 个县区；日喀则地区的谢通门、南木林、日喀则市 3 个县（市）；林芝地区的米林、林芝 2 个县；合计 15 个县（市、区）。

藏鸡提升产区：包括山南地区的加查、曲松 2 个县；拉萨市的林周、墨竹工卡 2 个县；日喀则地区的拉孜、萨迦、白朗、江孜、仁布 5 个县；合计 9 个县。

西藏藏鸡优势产区如图 5－10 所示。

（3）存在的主要问题

藏鸡品种及生产性能逐渐退化和降低，直接导致藏鸡生长缓慢、鸡肉品质下降、产蛋量少等问题，提高养殖良种率成为首要解决的问题。

藏鸡规模化养殖基地基础设施、科技体系亟待加强和提升；农户分散养殖、传统养殖方式仍占主要比重，不利于良种繁育推广、疫病防治、生态保护等工作，导致藏鸡产业整体综合效益未能大幅度提升。

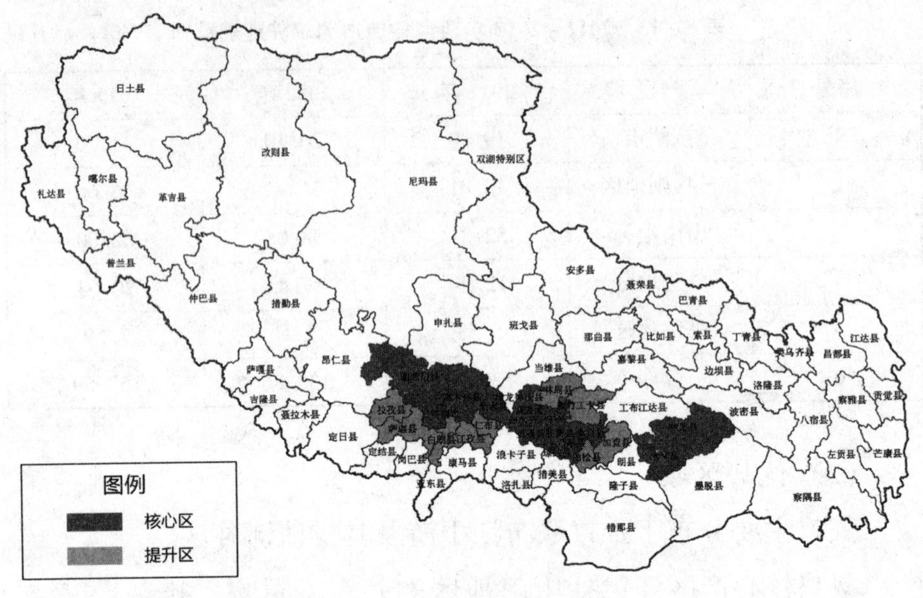

图 5-10　西藏藏鸡优势产区分布图

2. 发展目标

到 2020 年藏鸡养殖规模达到 500 万只，良种覆盖率达到 90%。

3. 建设重点

（1）纯种藏鸡种源保护

加强现有 4 个自治区级藏鸡资源保护区建设、新建藏鸡保种选育区 4 个，在保护区内开展纯种藏鸡保种选育工作，有效保护纯种性，恢复藏鸡优质性状，繁育推广纯种藏鸡；开展适宜西藏自然环境的现代藏鸡饲养技术研究，制定并推广藏鸡标准化养殖规范。

建设 4 个藏鸡育种繁育场，为全区域提供优质的藏鸡种苗，每个藏鸡繁育场每年可孵化藏鸡幼苗 10 万只，确保平均孵化率在 70% 以上。

（2）规模化标准养殖场建设

扶持一批有实力的藏鸡养殖专业合作社和龙头企业，饲养规模达到200万只。养殖场可从藏鸡育种繁育基地引进种苗进行养殖，在引进优质幼苗的同时，也可自己培育幼苗，同时带动其他农户。良种繁育场和养殖场可与农户之间建立“三提供一包”服务体系（提供幼苗、提供饲料、提供养殖技术、包销售）。

（3）藏鸡产业细胞建设

培育各主产乡镇藏鸡养殖合作社，提高农牧民生产组织程度。以合作社为载体建设藏鸡标准化养殖示范小区20－25个，培养标准化藏鸡养殖大户约5000户（每户大于100只）、普通养殖户约10000户（每户50－100只），集中养殖小区重点开展藏鸡标准化养殖示范工作，实行适度规模养殖；农户养殖以合作社为主体带动农牧民进行科学养殖生产。

专栏9　藏鸡基地建设工程

品种资源保护区与原种繁育场建设工程　建设藏鸡品种资源保护区4个，在每个保护区新建1个藏鸡原种繁育场，合计4个繁育场。每个场年孵化鸡苗规模10万只，合计年孵化规模40万只；为所在区域提供良种繁育、养殖示范和技术培训。建设标准：3000万元/个。

标准化养殖场建设工程　扶持一批藏鸡养殖专业合作社和龙头企业，建设一批标准化养殖场，达到年养殖藏鸡200万只的规模；养殖场可与农户之间建立“三提供一包”服务体系（提供幼苗、提供饲料、提供养殖技术、包销售），带动广大农户进行藏鸡养殖。

养殖小区建设工程　以专业合作社为载体，建设一批养殖小区，扶持一批藏鸡养殖户。其中，扶持养殖大户约5000户（每户大于100只）、普通养殖大户约10000户（每户50－100只）；合作社统一采购鸡苗、饲料、统一销售。

4. 建设布局

（1）藏鸡种源保护区原种繁育场区域：山南地区、拉萨市、日喀则地区、林芝地区4个地市的核心产区县。

(2) 藏鸡标准化养殖场区域：15个藏鸡核心产区县（市、区）。

(3) 藏鸡养殖小区区域：24个藏鸡优势产区县。

5.1.3.4 藏药材基地

1. 发展现状

(1) 产业基础

2013年，全区建成了一批药材种植基地，药材产值达到18.52亿元，占农林牧渔总产值的14.47%。藏药业呈现出蓬勃发展的态势，已成为农牧业的主导产业之一。

(2) 优势产区

藏药材核心产区：包括林芝地区的工布江达、米林、波密、林芝4个县；昌都地区的昌都县；山南地区的贡嘎、扎囊2个县；合计7个县。

藏药材提升产区：林芝地区的察隅、墨脱2个县；包括日喀则地区的亚东、吉隆、聂拉木3个县；拉萨市的曲水县；山南地区的桑日、错那2个县；合计8个县。

西藏药材优势产区如图5-11所示。

(3) 存在的主要问题

一是开采方式不合理。由于部分藏药经营者过于注重眼前利益，不重视合理开采和利用，甚至出现对某些藏药的掠夺性开采，导致藏药资源不断短缺、枯竭等恶性结果，成为制约藏药材发展的一大瓶颈。

二是缺乏专业人才。药材种植和栽培都需要专业人员的参与和研究，特别是正在进行的藏药材人工种植技术的研发和推广都需要一系列具有较强实践经验和研发能力的专业人才的参与，而

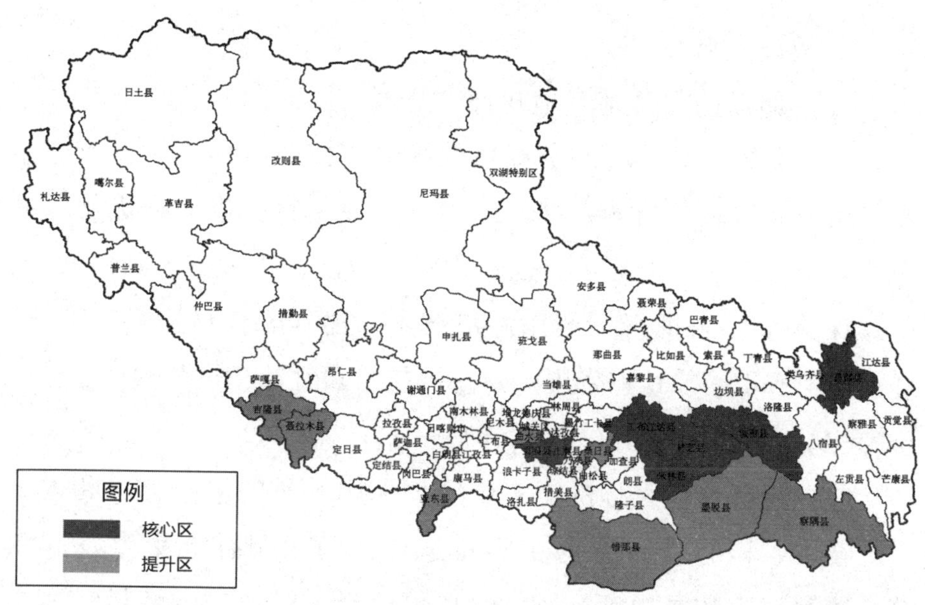

图 5－11　西藏药材优势产区分布图

当地农民由于长期以来主要进行的是野生藏药材的开采活动，因此尚未形成可持续开采和运用的观念。

三是产业规模化程度低。尽管现在已经拥有一些藏药材种植基地，但规模不够、资源分散，难以形成拳头产品；部分生产厂家、销售商家或是中介组织只是从事较小范围、较小规模的粗加工生产，尚未形成成熟的藏药材市场所需的规模化经营。

2. 发展目标

集中整合资源，打造藏药材品牌，使产品的质量、知名度和影响力显著提高；建全藏药材保护开发体系、藏药科研创新体系、藏药标准体系、藏药人才培养体系。

到 2020 年，新建按照 GAP 标准化的藏药材种植基地 3 万亩；藏药材野生采集资源利用与生态保护基地面积 2 万亩；驯化栽培成功新藏药材植物品种达到 12 个；总产值达到 36 亿元。

3. 建设重点

（1）加强药材种植基地建设

充分发挥各县独特的资源禀赋优势，按照布局集中、产业集聚、用地集约和可持续发展的原则，因地制宜，进一步优化资源配置，优化产业布局，重点创建优势产业区，扩大藏药种植面积，按 GAP 规范要求推行标准化种植技术，提升藏药材原料产业化、规模化生产水平。重点发展天麻、灵芝、藏红花、贝母种植。

（2）加强野生药材资源保护

保护藏药材生长地的生态环境、采用科学的采收方法和人工增产技术、以自然抚育为主实行适当的管护方法。重点发展虫草，培育健康的昆虫蝙蝠蛾，增加虫草产区蝙蝠蛾的数量，适当的时候释放出去。

（3）加强野生藏药材资源的驯化栽培

加强藏药科研机构、生产企业与种植基地的产业联系，鼓励藏药企业和研究机构开展野生植物藏药材资源的驯化研发和人工栽培技术科技攻关工作，开发藏药材新品种。

专栏 10　藏药材基地建设工程

GAP 标准化藏药材种植基地建设工程　建设 15 个 GAP 标准化藏药材种植基地。种植规模 3 万亩，其中：林芝地区 1.25 万亩，昌都地区 1 万亩，拉萨市 0.3 万亩，日喀则地区 0.3 万亩，山南地区 0.15 万亩。建设标准：10000 元/亩。

藏药材野生采集资源利用与生态保护基地建设工程　建设数量 7 个，基地面积共 2 万亩。开展自然生态抚育和半人工栽培。建设标准：5000 元/亩。

野生植物藏药材驯化栽培中心建设工程　建设数量 2 个。每个中心标准化设施栽培面积 10 亩，配套建设办公及检测实验设施，配置仪器设备。建设标准：1000 万元/个。

4. 建设布局

（1）GAP标准化藏药材种植基地建设区域：15个优势产区县。

（2）藏药材野生采集资源利用与生态保护基地建设区域：7个核心产区县。

（3）野生植物藏药材驯化栽培中心建设区域：林芝地区和昌都地区。

5.1.3.5 林下资源基地

1. 发展现状

（1）产业基础

西藏林下资源丰富多样，主要有松茸、野蘑菇、大肥蘑菇、蜜环菌、花盖菇、牛肝菌、羊肝菌、香菇、木耳等当地习惯食用的经济真菌。据估计，西藏各类野生食用菌年采集量约为2.3万吨左右，其中松茸采集量约500吨。

在人工栽培食用菌方面，目前自治区除了平菇、香菇、金针菇已经实现了大规模栽培供应市场外，其它食用菌还没有形成规模，导致供应市场品种过于单一、档次偏低，市场缺口较大。

（2）优势产区

林下资源核心产区：包括林芝地区的波密、工布江达、林芝、米林、察隅5个县；昌都地区的芒康县；合计6个县。

林下资源提升产区：昌都地区的左贡县；日喀则地区的亚东、吉隆2个县；合计3个县。

西藏林下资源优势产区如图5-12所示。

2. 发展目标

至2020年，通过生态保护和人工促繁（或半人工栽培）等科学措施，主要野生林下资源产量略有增长，其中松茸年采集量

图 5 – 12　西藏林下资源优势产区分布图

达到约 550 吨的规模；人工栽培食用菌进一步扩大规模和品种，产量达到 12 万吨。

3. 建设重点

（1）加强促繁技术的支撑

通过发展菌种场（菌种繁育、菌包生产）带动食用菌生产基地建设，采用工厂化生产与促繁技术——人工栽培——半人工栽培相结合的生产方式。

对生产技术成熟的常规品种，以工厂化生产方式为主。比如香菇、杏鲍菇、鸡腿菇等。

对珍稀品种，以促繁技术——人工栽培相结合的生产方式为主。比如亚东黑木耳，菌包阶段由菌种场提供，栽培阶段可采用林下人工栽培、模拟天然环境生长的方式，以保证品质。

对于目前还未进入人工栽培技术应用的品种，以生态保护和半人工栽培技术为主。比如松茸，要提高产量，主要的技术路径有两条：一是保护松茸生长林地的生态环境，采用科学的采收方法，实行适当的管护方法，禁止林地过量砍伐，尽量减少人及牲畜在林地的活动；二是采用促繁技术（半人工栽培）提高产量。

（2）加强食用菌种植基地建设

加强食用菌日光温室、大棚示范基地建设。以标准化、规模化为导向，推进栽培食用菌品种的结构调整，在现有基础上，增加杏鲍菇、茶树菇、亚东黑木耳、虫草花、猴头菌等优良品种种植比例；按照 GAP 规范生产，推广有机食用菌栽培、认证，实现栽培食用菌产业的转型升级。

（3）加强野生菌人工驯化研发和人工栽培技术的推广

西藏野生菌类资源丰富，但野生菌的人工驯化科研实力不足，对野生菌驯化研发工作力度和人工栽培技术的推广力度不够。自治区科技部门应充分利用对口援藏政策优势，加强与相关科研机构的合作，对野生菌开发进行研发和生产技术攻关，通过自然选择和人工选育等现代科技手段，开发野生生物资源，打造新的具有西藏独特优势的菌类产品。

专栏 11　林下资源基地建设工程

生态保护和人工促繁基地建设工程　建设基地 6 个，基地面积共 2 万亩。开展自然生态抚育和半人工栽培。建设标准：5000 元/亩。

菌种场建设工程　建设 9 个菌种场。其中：6 个核心产区县每个菌种场建温室和生产示范大棚 12 亩，业务用房 600 平米，购置设备 300 万元；3 个提升产区县每个菌种场建温室和生产示范大棚 6 亩，业务用房 300 平米，购置设备 200 万元；为所在区域提供菌种、生产示范和技术培训。建设标准：核心县 1000 万元/个；提升县 500 万元/个。

野生食用菌驯化栽培中心建设工程　建设数量 1 个。中心建设标准化设施栽培面积 6 亩，配套办公及检测实验设施，配置仪器设备。

4. 建设布局

（1）生态保护和人工促繁基地建设区域：6个林下资源核心产区县。

（2）菌种场建设区域：9个林下资源优势产区县。

（3）野生食用菌驯化栽培中心建设区域：林芝地区。

5.1.4 新型特色产品基地建设

5.1.4.1 林果基地

1. 发展现状

（1）产业基础

西藏主要的水果种类有桃、葡萄、苹果等，干果以核桃、花椒为主。2013年，全区水果种植面积2.96万亩，产量12264吨；核桃4296吨；花椒155吨。

表5－14 2011—2013年西藏林果生产情况

年份	水果		核桃	花椒
	面积（万亩）	产量（吨）	产量（吨）	产量（吨）
2011	3.22	9858	3744	464
2012	3.04	9745	4241	140
2013	2.96	12264	4296	155

（2）优势区域

西藏林果生产集中于藏东南的林芝、山南地区的尼洋河、雅鲁藏布江沿岸以及昌都地区的三江流域沿岸。

①林芝林果

林芝林果产品主要是“一果三桃”（苹果、核桃、桃、葡萄）。截至2013年，林芝地区林果种植面积10.55万亩，年产林果15825吨；其中核桃种植面积87836亩，产量7905.24吨。

②昌都林果

昌都林果以葡萄为主，目前左贡、芒康种植面积6659亩。其中芒康县葡萄生产加工基地，在2013年通过“企业+协会+基地+农户”的模式带动当地群众种植酿酒葡萄2500亩，产量达到500吨，为昌都地区葡萄产业发展奠定了良好的基础。

③山南林果

山南地区林果以核桃为主，2013年，全地区核桃种植面积1.5万亩，产量约700吨。山南地区政府鼓励、扶持群众，在庭院、房前屋后、田间地埂和荒坝种植花椒、蓝莓等经济林果，有效提高了经济林果种植面积和效益。

林果核心产区：包括林芝地区的林芝、米林、朗县3个县；昌都地区的芒康、左贡2个县；山南地区的加查县；合计6个县。

林果提升产区：包括林芝地区的察隅、墨脱2个县；昌都地区的八宿、察雅2个县；合计4个县。

西藏林果优势产区如图5-13所示。

（3）存在的主要问题

一是种植面积小。受自然环境、农户传统观念及农业信息和技术、农产品市场等诸多因素的影响，特色果树种植面积小、形不成规模，优质水果和干果产量相对不足，市场竞争力差。

二是产业化发展水平低。由于整体产值低，林果产前物资供应、产中技术支持、产后统一销售的农业社会化综合服务体系尚未形成，农产品质量管理、监测、质量认证体系尚未配备，信息服务体系和品牌建设落后，农户效益差。

三是投入明显不足。由于果树种植存在3~5年不挂果过渡

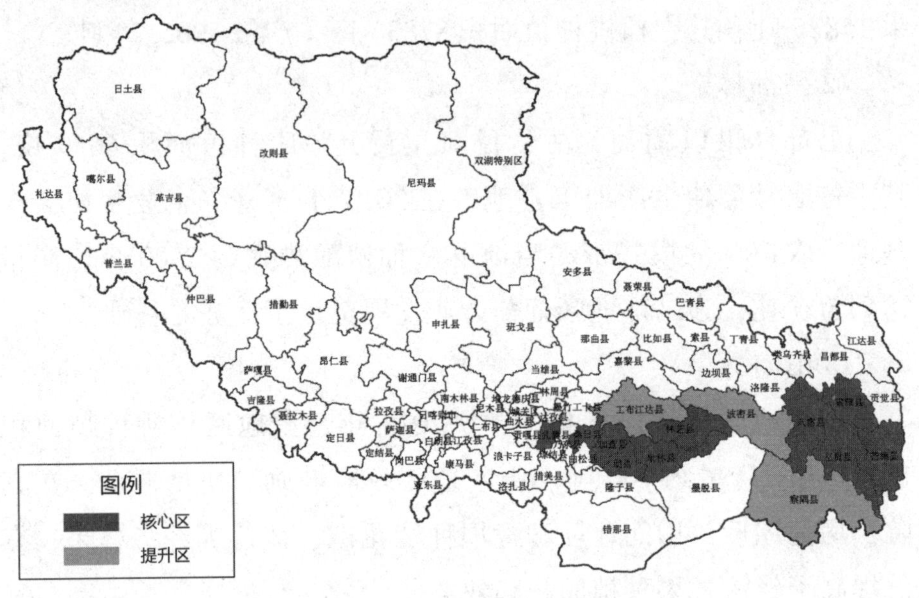

图 5-13　西藏林果优势产区分布图

期，投入初期无回报，若没有政府补贴，农民自发投入的积极性不高。在引种和栽培上缺乏统一的计划与指导，因而存在品种繁杂，早中晚熟品种搭配比例失调，优良品种比重小的问题。

四是社会化服务缺乏。由于交通、信息比较闭塞，农产品销售渠道不畅，缺乏规模性农产品加工、包装、销售的农业产业化龙头企业带动，受到运输成本高和市场需求不确定影响，没有稳定的市场效益。

2. 发展目标

到 2020 年，水果种植面积达到 7.36 万亩，其中，林芝地区 5.35 万亩，昌都地区 2 万亩，山南地区 0.01 万亩；水果产量达到 9 万吨，其中葡萄产量达到 3 万吨。

到 2020 年，干果种植面积达到 31.03 万亩，其中，林芝地区 28.78 万亩，山南地区 2.25 万亩；其中核桃种植面积达到

30.88 万亩，产量达到 3.86 万吨。

3. 建设重点

（1）扩大示范基地建设规模

目前林果种植主要是在房前屋后、沟渠边零散布置较多，应利用条件适宜区域的荒山、荒坡、荒沟、荒滩，建设规模化示范园。本着“栽植标准化、管理科学化、品种优质化”的原则，科学布局、规模建设、整体推进，示范引导、改善种植条件、提高单产。

（2）加快苗木繁育基地建设

建立和完善苗木中心，选育和推广优质品种。现在区域苗木主要以本地品种为主，经过良种选育的较少，当地农业部门要制定切实可行的苗木调运方案和育苗计划，围绕优化品种，建立苗圃，改良现有品种和栽植模式，实现专业化生产。

（3）建立健全科技支撑体系

围绕“生态、安全、优质”要求进行试验示范，全面推广规范化、标准化、专业化栽培技术和节水灌溉技术。示范点要各具特色，开展绿色、高效栽培技术试验示范与研究，探索立体种养、林下间作等模式，建立监测点，发挥比较优势，推广先进技术和成功经验，通过推行规范化栽培技术，建立病虫害防治技术体系，提升综合效益和整体水平。

专栏 12 林果基地建设工程

林果基地建设工程 建设优质林果生产基地 5 万亩。引进种苗，完善水利、围栏等基础设施；建设标准：3000 元/亩。

苗木繁育基地建设工程 建设林果苗木繁育基地 2 个。每个基地 1000 亩，共 2000 亩；引进优质苗木品种；完善水利设施、田间道路、围栏、土地平整、土壤改良；建设标准：5000 元/亩。

4. 建设布局

(1) 林果基地建设区域：10 个林果优势产区县。

(2) 苗木繁育基地建设区域：林芝地区米林县，昌都地区芒康县。

5. 1. 4. 2　茶业基地

1. 发展现状

由于西藏地处高原寒冷地区，目前西藏茶叶种植规模小、产量少，截止 2013 年，茶园种植面积 3345 亩，大部分未进入盛产期，茶叶产量 40 吨。

茶叶种植主要分布在林芝地区以易贡茶场为主的波密县，其次是墨脱县和察隅县。山南地区错那县的勒布茶场也产茶，但规模很小。

茶叶核心产区：林芝地区的波密县。

茶叶提升产区：林芝地区的墨脱、察隅 2 个县。

西藏茶叶优势产区如图 5 – 14 所示。

2. 发展目标

到 2020 年，茶叶种植面积达到 1. 5 万亩，其中波密县达到 1 万亩，墨脱县达到 0. 3 万亩，察隅县达到 0. 2 万亩，产量达到 200 吨。

3. 发展思路与建设重点

(1) 明确产品定位，选择正确的发展方向

由于藏民习惯喝砖茶，可以用来打酥油茶，所以西藏茶叶原来主要用于生产砖茶，但是西藏茶叶种植规模小，产量低。基于这些情况，针对西藏茶叶品质优异的特点，应丰富产品线，生产高端高山有机绿茶、红茶和砖茶相结合。

图 5－14　西藏茶叶优势产区分布图

（2）更新品种，加强良种茶株选育工作

良种是产业发展的基础，对原有老化的茶树，要逐步更新淘汰，引进优良抗寒绿茶品种（建议从福建、台湾高山茶中选择），在本地试种，选育出适合本地栽培的优质茶叶品种，改良现有品种。

（3）逐步、适度扩大茶叶种植规模，完善茶场基础设施

目前，西藏茶叶种植普遍存在茶园规模小、基础设施不完善等问题，比如：由于茶园排灌系统缺乏，部分地块旱不能灌、涝不能排，导致茶园抗灾能力弱。应加强茶叶种植基地建设，逐步、适度地扩大种植规模；重点开展优质苗木引进和排灌设施、土地整理、土壤改良等基础设施建设，改造低产茶场，科学种植，通过提高茶园单产，提高茶叶总产量。

(4) 规范生产管理，提升产品质量

规范茶叶的水、肥、土田间生产管理，按照有机茶生产标准要求种植。

专栏13　茶叶基地建设工程

茶叶基地建设工程　建设优质茶叶生产基地5000亩。引进种苗，完善水利设施、田间道路、土地平整、土壤改良；建设标准：5000元/亩。

苗圃工程　建设茶叶苗圃1个。苗圃面积500亩；引进优质苗木品种；完善水利设施、田间道路、土地平整、土壤改良；建设标准：10000元/亩。

4. 建设布局

(1) 茶叶基地建设区域：林芝地区的波密县、墨脱县，察隅县。

(2) 苗圃建设区域：易贡茶场。

5.1.4.3　冷水鱼基地

1. 发展现状

西藏自治区的冷水鱼养殖起步晚，约从2003年开始，目前冷水鱼养殖主要分布在山南地区乃东县和日喀则地区亚东县，其次在日喀则地区南木林县和林芝地区林芝县也有少量冷水鱼养殖。

乃东县位于雅鲁藏布江中游与雅砻河交汇处，2004年，山南雅砻特色产业有限责任公司在乃东县建立了西藏第一座密集型、工业化流水养殖基地，主要养殖品种为虹鳟、金鳟。现在该养殖场形成了人工孵化繁育室、各类鱼池和饵料加工车间等较为完善的产、销一体化发展体系，养殖面积约12亩。

另一冷水鱼养殖区亚东县，该县独有的亚东鲑，是青藏高原上的稀有鱼种，全西藏只有在亚东县上、下亚东间近20公里的亚东河段才有分布。2005 年以来，亚东鲑的人工培育繁殖鱼苗取得成功，亚东县下司马镇亚东鲑鱼养殖合作社兴建了 16 座鱼池，由养殖基地向农户提供优质鱼苗，再由公司回购成鱼，使亚东鲑鱼养殖有了突破性进展。

表 5－15　2011—2013 年西藏冷水鱼主要生产情况　　单位：吨

产区	2011 年		2012 年		2013 年	
	鳟鱼	鲑鱼	鳟鱼	鲑鱼	鳟鱼	鲑鱼
乃东县	20		25		30	
亚东县		1		3		6.5
合计	21	28	36.5			

西藏土著鱼类资源丰富，近年来，部分鱼类的人工繁殖初见成效，如黑斑原鮡、尖裸鲤、异齿裂腹鱼、拉萨裸裂尻、拉萨裂腹鱼等 5 种鱼类人工繁殖取得成功。建立了一批良种场，如西藏自治区黑斑原鮡良种场、异齿裂腹鱼良种场和林芝地区水产良种繁育场等。这些工作为冷水鱼的人工养殖奠定了基础。

西藏冷水鱼优势产区如图 5－15 所示。

2. 市场行情

冷水鱼养殖在西藏自治区还是一个新兴产业，发展时间短，冷水鱼养殖尚处于兴起阶段，没有完整的冷水鱼产业链。冷水鱼产量不高，主要以鲜活鱼的形式供应本地市场，处于供不应求状态。

乃东县养殖的红鳟鱼、金鳟鱼、鲑鱼等多个适合冷水养殖的品种，在市场销售上突出西藏冷水鱼的特色，商品鱼主要销往山南、拉萨等地，上市规格多在 1～2kg 之间，价格在 50 元/kg 以上，远高于内地价格。

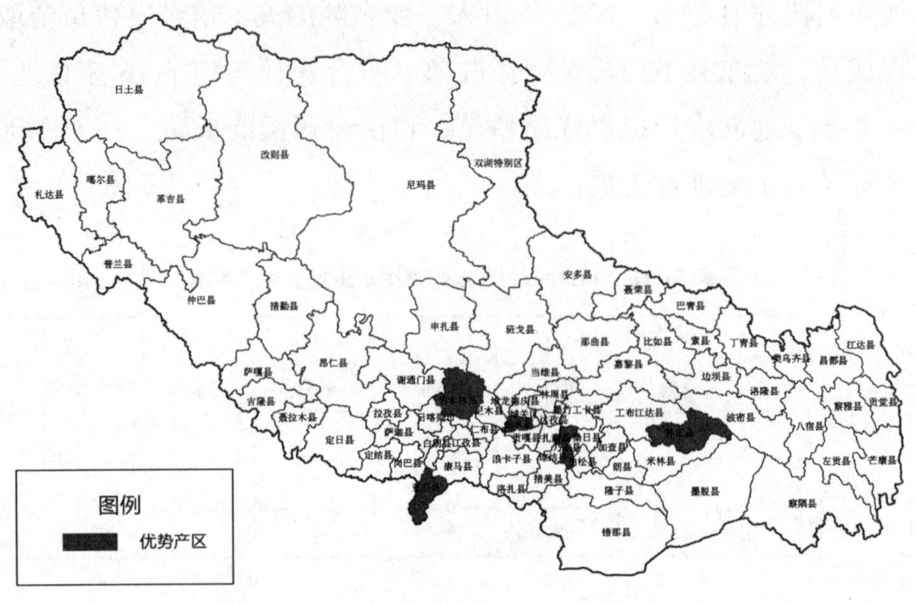

图 5－15　西藏冷水鱼优势产区分布图

亚东鲑，因生长缓慢肉质鲜美，上市规格在 0.75kg 左右，多销往拉萨等地，价格变动很大，在 130～300 元/kg 之间不等。

3. 存在的主要问题

（1）养殖规模小，冷水鱼产业发展滞后

目前冷水鱼养殖规模小，且相关的苗种培育和饲料生产企业缺乏，影响整个冷水鱼产业发展。

（2）养殖品种单一，资源利用不充分

西藏自治区具有丰富的鱼类资源，而当前仅有少量亚东鲑进入市场，当地的土著鱼类资源利用不充分。

4. 发展目标

对现有养殖基地进行完善和扩展，以扩大养殖产能；引进和扶持冷水鱼养殖龙头企业，壮大冷水鱼农民专业合作社，培育养殖大户；到 2020 年，冷水鱼产量达到 300 吨，产品通过有机认证，建成以亚东鲑鱼为代表的国内知名品牌。

5. 建设重点

通过冷水鱼重点养殖基地的建设，提高冷水鱼的产量；加大冷水鱼人工培育繁殖鱼苗和养殖技术研发力度；完善产业链条，构建品牌效应。

（1）加快重点养殖基地建设

扶持现有养殖龙头企业扩大养殖规模，重点是支持企业鱼苗繁育和养殖技术的推广。发展壮大冷水鱼农民专业合作社和养殖大户，免费为养殖农户提供鱼苗和技术培训，建立起以企业为龙头，以利益联结为机制，以专合组织为养殖主体的冷水鱼生产格局，形成冷水鱼从鱼苗繁育——重点基地规模化养殖——合作社集中养殖池——农户家庭养殖的体系。

在西藏冷水鱼适宜区积极招商引资，引进外地养殖企业，对引进企业给予政策优惠，鼓励发展冷水鱼养殖。

（2）加强人工繁育和养殖技术攻关

西藏自治区的土著冷水鱼目前主要靠天然捕捞，处于供不应求状态，市场销售价格较高，且较稳定，有着广泛的发展前景。自治区应加大对人工繁育和养殖技术科技研发工作的投入，联合国内科技力量，对关键养殖技术进行攻关，尽快实现冷水鱼养殖产业化。

专栏 14 冷水鱼基地建设工程

养殖基地建设工程 建设冷水鱼养殖基地 5 个。引进鱼苗，兴建鱼池及配套设施。

人工繁育基地建设工程 建设冷水鱼人工繁育基地 1 个。兴建鱼池及配套设施；开展野生鱼人工育苗。

6. 建设布局

(1) 养殖基地建设区域：5 个冷水鱼优势产区县。

(2) 人工繁育基地建设区域：日喀则地区亚东县。

5.2 加工基地规划

5.2.1 基地布局与建设重点

1. 基地布局

结合特色农产品产业带布局、产业基础、区位和交通条件，按照特色农牧业产业总体定位和发展方向，对加工基地进行布局，形成“五园三圈”的农产品加工产业格局。

(1) 五园

西藏农牧产品加工园区布局以现有产业布局为基础，依托交通网络和农产品原料基地，以点带面，按照“核心突出、区域联动、辐射周边”的原则在产业基础好的区域布局五大农产品加工产业园，形成较为完善的农产品加工区域网络。

(2) 三圈

结合旅游产业，借助“藏中旅游圈、藏西北旅游圈、藏东南旅游圈”三条主要旅游圈，布局一批农特旅游产品体验园。

2. 建设重点

(1) 农产品加工园区建设重点

农产品加工业能大量消化农产品，引导农牧民遵循市场规律，最大限度提高农产品的附加值。农产品加工工业园是农业结构调整的转化器、现代农业企业的孵化器、农业产业化的推进器。园区建设要依托现有的产业基础及龙头企业，投入首批资金和土地进行开发，明晰功能分区，进行场地平整、道路、给排水管网、供配电设施、污水处理等基础设施建设，实现统一供能、统一供水、统一污水处理、统一物流和统一一站式服务等“五统一”功能，吸引投资和企业进入，鼓励企业进行技术改造，提高工艺技术水平和产能，发展精深加工。

（2）“三圈”农特旅游产品体验园建设重点

农特旅游产品体验园建设要与旅游产业结合起来，协同发展。重点在旅游节点建设一批集旅游观光、特色农产品加工、展示和购物为一体的综合体验园，体现民族特色和文化内涵，引导消费模式由“尝鲜式”向“感悟式”转变，结合情境化与体验化设计理念，将特色农牧业资源转变为人性化的观赏和体验过程。自治区可先期建设8个农特旅游产品体验园作为示范。

专栏15　农特产品加工基地重点工程

“五园”农产品加工园区建设：完善拉萨市、日喀则农产品加工园区的基础设施建设，推进昌都农产品加工园区的建设，新建山南地区、林芝地区农产品加工园区。完善2个已建园区基础设施投资1亿元；在建1个园区投资1亿元；新建2个园区占地面积300亩，投资3亿元；总投资5亿元。

“三圈”农特旅游产品体验园区建设：新建8个农特旅游产品体验示范园，每个示范园占地面积10－15亩，总投资1.5亿元。

3. 建设布局

（1）“五园”建设区域：拉萨市曲水县、日喀则地区日喀则市、昌都地区昌都县、山南地区乃东县、林芝地区林芝县。

（2）“三圈”农特旅游产品体验示范园建设区域：在“拉萨市—山南地区”的藏中旅游圈设置2个示范点（拉萨市区、山南地区泽当镇），在“拉萨—日喀则地区—阿里地区—那曲地区”的藏西北旅游圈设置4个示范点（拉萨市当雄县、日喀则桑珠孜区、阿里地区狮泉河镇、那曲地区那曲镇），在“林芝地区—昌都地区”的藏东南旅游圈设置2个示范点（林芝地区八一镇、昌都地区城关镇）。

农产品加工园区和农特旅游产品体验示范园布局见图5－16、图5－17。

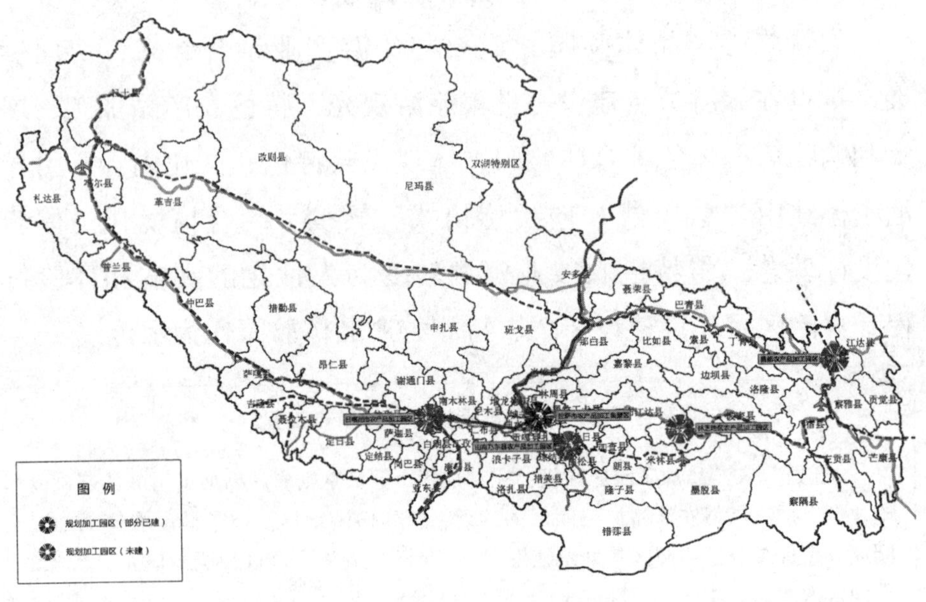

图5－16 农产品加工园区布局图

5.2.2 重点加工行业建设

5.2.2.1 青稞加工

1. 发展现状

（1）产业基础

2013年，全区粮食总产量96.15万吨，其中：青稞产量65.66万吨，占粮食总量的68.29%，城镇人均粮食消费量108.6

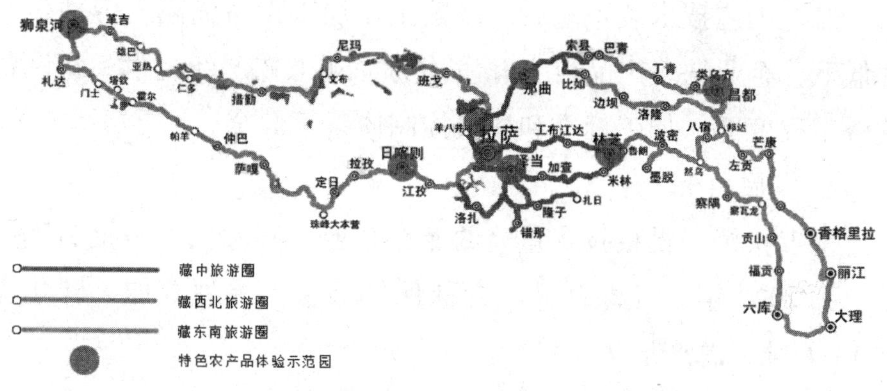

图 5－17　农特旅游产品体验示范园布局示意图

千克/年，农村人均粮食消费量 262. 6 千克/年。假定旅游人口粮食消费按城镇消费标准人均在藏 7 天计算，则预计全年粮食供应余量为 22. 91 万吨。如按青稞占粮食的 68. 29% 计，则青稞供需余量为 15. 65 万吨，可用于加工。

表 5－16　粮食生产量与消费量情况表

单位：万吨

种类	产量	消费量				供需结余
		城镇居民	农村居民	游客	合计	（产量－消费量）
粮食	96. 15	8. 04	62. 51	2. 69	73. 24	22. 91

根据西藏工信厅提供的调查数据，全区青稞生产企业大约有二十余家，青稞最主要的加工产品是糌粑、青稞米、青稞面粉、青稞面制品、青稞麦片和青稞酒。除少数企业外，大部分企业年销售额几十万至几百万不等。

（2）存在的主要问题

一是规模小，产业链短。多数青稞加工企业规模小、实力弱、产量低，无法实现规模经济效益；以初级产品加工为主，产业链短，产品附加值低。

二是工艺技术装备落后。多数企业加工设备简陋，劳动生产率低下，企业缺乏产品自主开发能力，新工艺、新技术、新设备的应用程度低，加工标准和质量控制体系不健全。

2. 发展目标

重点扶持一批科技含量高的龙头企业，开发生产一批名牌产品。到2020年，青稞食品、青稞保健品、青稞酒等加工转化青稞15万吨，总产值7.5亿元。

3. 建设重点

以日喀则、昌都、拉萨、山南地区青稞生产基地为依托，重点发展有机青稞米、糌粑、青稞麦片、饼干、方便面、青稞胚芽油、β－葡聚糖等保健、养生功能的系列产品加工。

在白酒行业，其他少数民族自治区都有自己的品牌，在全国市场建立了一定的知名度，如内蒙古有“河套老窖”、新疆有“伊犁特曲”、宁夏有“宁夏红”，但西藏还没有自己的知名白酒品牌。在青稞酒类生产方面，应控制小型青稞酒加工作坊，重点扶持有实力的酒类龙头企业上规模、上档次，创名牌，让西藏白酒、青稞啤酒、传统青稞酒走出西藏、走向全国。

专栏16　青稞加工重点工程

青稞食品加工：对现有青稞食品加工企业按GMP要求建设生产车间、厂房，购置设备和技术升级改造，形成年产3万吨高品质青稞食品加工能力，投资3亿元。

β－葡聚糖加工：新建青稞β－葡聚糖提取及降脂软胶囊生产线，年生产500吨青稞β－葡聚糖粗提物保健品，投资5000万元。

青稞酒类加工：改扩建青稞酒类生产加工龙头企业，年新增青稞转化5万吨，投资2亿元。

品牌建设：创建2个青稞类加工产品西藏名牌产品，其中：青稞类食品培育1个西藏名牌产品，青稞类酒培育1个国家地理标志产品；申请6个有机食品认证。总投资300万元。

4. 建设布局

（1）青稞食品加工建设区域：拉萨市、日喀则地区、昌都地区、山南地区。

（2）β－葡聚糖加工建设区域：日喀则地区。

（3）青稞酒类加工建设区域：拉萨市、日喀则地区。

5.2.2.2 肉制品加工

1. 发展现状

（1）产业基础

根据自治区农牧厅调查和统计年鉴相关数据，2013 年全区牛羊肉产量 28.20 万吨，猪肉产量 1.01 万吨；农村居民人均消费牛羊肉 93.67 千克/年，猪肉 4.55 千克/年；城镇居民人均消费牛羊肉 76.31 千克/年，猪肉 10.1 千克/年。假定旅游人口肉类消费按城镇消费标准人均在藏 7 天计算，估算年总需求量牛羊肉为 29.84 万吨，猪肉为 2.08 万吨，牛羊肉缺口 1.64 万吨，猪肉缺口 1.07 万吨。

表 5－17 西藏牛羊肉生产量与消费量情况表 单位：万吨

种类	产量	消费量				供需结余
		城镇居民	农村居民	游客	合计	（产量－消费量）
牛羊肉	28.20	5.65	22.30	1.89	29.84	－1.64
猪肉	1.01	0.75	1.08	0.25	2.08	－1.07
合计	29.21	6.40	23.38	2.14	31.92	－2.71

西藏主要畜禽产品还包括藏鸡。2013 年，藏鸡养殖规模 162.59 万只，除了产蛋鸡外，肉用鸡大多以鲜活产品供应本地市场。

（2）存在的主要问题

肉类大多以鲜活产品出售，满足本地居民生活需求；加工制成品少，有少量牦牛肉、藏猪肉制品。肉制品加工主要问题可概括为三多三少：即高温肉制品多，低温肉制品少；初级加工多，精深加工少；老产品多，新特产品少。

2. 发展目标

到2020年，培育一批肉类加工龙头企业，形成屠宰、冷藏、分割肉、冷鲜肉、包装肉、肉制品加工及脏器、骨、血等副产品加工产业链条，年加工肉类5万吨，占肉类生产量的15%左右，实现总产值20亿元。

3. 建设重点

（1）针对区内消费，优先发展分割肉、冷鲜肉、包装肉加工

目前自治区已具备较大的畜禽屠宰能力，应加强分割生产线、冷冻库、冷鲜（真空）包装生产线的建设，形成产业配套。发展分割肉、冷鲜肉、包装肉、开发高档冷冻鲜肉、剔骨分割包装肉、精制卷装肉、藏鸡白条肉，满足区内市场需求，同时起到肉类市场安全储备、调节市场、缓解鲜肉供应市场季节性波动的作用。

（2）针对旅游消费人群，以深加工熟食品为主

针对到西藏旅游的消费人群，发展具有地方与民族特色的方便类、微波速食类、休闲食品类、熟食品。根据牦牛肉、羊肉、藏猪肉、藏鸡肉等特点，开发具有区域特色的旅游产品，逐步提高熟肉制品在肉类消费中的比重。

（3）鼓励发展畜禽肉制品副产品加工

对畜禽脏器、骨、血等副产品，除了粗加工外，应加强深加工开发，利用对口援藏的优势，积极引进生物制药企业，开发生

产各种生物制品，特别是血液制品。

（4）打造肉制品品牌

牦牛、藏系绵羊、藏猪、藏鸡是非常具有西藏特色的畜禽产品，在国内外市场上具有很强的竞争力。西藏肉制品加工行业升级除了准确的市场定位、产品定位以外，还需要树立良好的品牌标识，推动肉制品企业 QS 认证、有机食品认证，建立区域名优特肉资源开发企业联盟，打破区域、行业、所有制的限制，共创名牌。

专栏 17　畜禽肉制品加工重点工程

牛羊冷鲜肉加工：新建冻库 10000 平方米、厂房 10000 平方米，购置分割生产线、包装生产线，年加工冷鲜肉 3 万吨，投资 2 亿元。

肉制食品加工：对现有肉制食品加工企业按 GMP 要求建设厂房，购置设备和技术升级改造，形成年产 1 万吨方便类、微波速食类、休闲食品类肉制食品加工能力，投资 1.5 亿元。

藏猪肉加工：新建藏猪屠宰、加工生产线，屠宰加工藏猪肉 5000 吨，主要生产藏猪分割肉、冷鲜肉和熟食品，投资 5000 万元。

藏鸡肉加工：新建和扩建藏鸡屠宰、加工生产线，年加工白条藏鸡 100 万只、藏鸡蛋 3000 万枚，总投资 3000 万元。

牦牛副产品加工：新建年加工 1 万吨骨骼的生产线，生产牦牛超微骨粉 2500 吨，牦牛超微骨钙营养粉 1750 吨，牦牛超微骨钙营养胶囊 250 吨，骨油 250 吨，骨蛋白液约 5000 万盒，总投资 2000 万元。

畜禽副产品加工：引进 1 家生物制药企业，建设一条牛羊猪血及副产物深加工线，生产生物制品，总投资 1000 万元。

品牌建设：创建 3 个著名品牌，申请 6 个有机食品认证，总投资 300 万元。

4. 建设布局

（1）牛羊冷鲜肉加工建设区域：拉萨市、日喀则地区、昌都地区、山南地区农产品加工园区。

（2）肉制食品加工建设区域：拉萨市、日喀则地区、山南地区。

(3) 藏猪肉加工建设区域：林芝地区农产品加工园区。

(4) 藏鸡肉加工建设区域：拉萨市、日喀则地区、山南地区、林芝地区农产品加工园区。

(5) 牦牛副产品加工建设区域：拉萨市农产品加工园区。

(6) 畜禽副产品加工建设区域：拉萨市农产品加工园区。

5.2.2.3 乳制品加工

1. 发展现状

(1) 产业基础

2013 年，全区鲜奶产量 32.52 万吨，城镇人均消费量 42 千克/年，农村人均消费量 33.6 千克/年。假定旅游人口奶消费按城镇消费标准人均在藏 7 天计算，则预计全年鲜奶供应余量为 20.37 万吨，可用于乳制品加工。

表 5－18 鲜奶生产量与消费量情况表 单位：万吨

种类	产量	消费量				供需结余
		城镇居民	农村居民	游客	合计	(产量－消费量)
牛羊奶	32.52	3.11	8.00	1.04	12.15	20.37

(2) 存在的主要问题

小规模作坊式加工乳制品多，用现代化方式精细加工乳制品少。目前西藏规模较大的现代乳制品加工企业仅有西藏高原之宝牦牛乳业股份有限公司，产品主要有超高温瞬时灭菌乳、酸乳、乳饮料、奶粉和酥油，打造了牦牛乳制品系列高端产品，“高原之宝”商标亦荣获西藏知名品牌称号。其它乳制品企业规模小，工艺技术简单，多采用半人工、半机械方式加工，产品以酥油、奶渣、酸奶为主。

2. 发展目标

提高乳制品加工技术水平，重点发展乳制品精深加工能力，完成乳品行业结构转型和产业升级，到2020年，年处理鲜奶加工能力达到8万吨，实现产值8亿元。

3. 建设重点

（1）加强奶站建设

配合自治区奶源基地建设，加快收奶站点建设，重点发展冷藏罐、冷藏车等低温收储设施，配备检测设备，保障原料奶来源和质量安全。

（2）扶持乳制品现代精深加工

重点引进利乐包、利乐枕生产线、酥油生产线、奶粉生产线，发展现代精深加工，生产各种保鲜液态奶、酸奶、奶饮品、奶粉和酥油，建立起奶源基地——奶站——现代奶制品加工的产业链条。

（3）提高乳制品加工技术水平

针对主要面向区内市场的众多小型乳制品加工企业，选择一批具有一定规模和实力的企业，重点进行技术改造，完善加工设备，提高工艺技术水平，提高产品标准化水平和质量安全水平。

专栏18　乳制品加工重点工程

奶站建设：建立10个中心奶站、200个小型奶站，50辆冷藏奶车，2万个直冷式奶桶，总投资3000万元。

乳制品现代精深加工：扶持3家龙头企业建立利乐包、利乐枕生产线、酥油生产线、奶粉生产线，年处理鲜奶能力达到50000吨，总投资2.5亿元。

乳制品加工技术改造：扶持10家酥油、奶渣、奶酪加工企业实施技术改造，完善加工设备，提高工艺技术水平，总投资3000万元。

4. 建设布局

(1) 奶站建设区域：拉萨市、日喀则地区、山南地区。

(2) 乳制品现代精深加工区域：拉萨市、日喀则地区、山南地区。

(3) 乳制品加工技术改造建设区域：拉萨市、日喀则地区、山南地区、昌都地区、林芝地区、阿里地区。

5.2.2.4 皮毛绒加工

1. 发展现状

(1) 产业基础

2013 年，全区羊毛产量 9897 吨、羊绒 894 吨、羊皮 435.72 万张、牛皮 139.53 万张，生产毛线 6 吨、地毯 4.02 万平方米。

西藏山羊绒主要作为原料对外输出，山羊绒的贸易主要以销售原绒为主，有少量分梳和纺纱加工。

西藏羊毛约 30% 出口到尼泊尔等亚洲邻国，另外约 70% 在区内及国内进行地毯纺织。羊毛主要制品为地毯、披肩、羊毛被等产品。截止 2013 年，全区共有重点藏毯生产企业 14 家，藏毯行业实现工业总产值 2.12 亿元、增加值 1.14 亿元。

由于皮革加工污染大，在西藏属于限制类行业，畜皮主要销往外地加工。目前规模最大也是唯一的皮革生产厂商是西藏拉萨皮革厂，年制牦牛革 10 万张、羊皮 10 万张、皮鞋 10 万双、各种皮衣、皮杂件 15000 件。在日喀则地区、山南地区有部分民族手工艺皮具制造厂，规模较小，主要生产旅游产品。

(2) 存在的主要问题

西藏拥有优质的山羊绒，但山羊绒基本还停留在卖原料的状态，规模化深加工少，大大降低了山羊绒的产品附加值。皮毛加工企业大部分规模小，工艺技术落后，设备简陋，对人力依靠较大，生产效率不高。

2. 发展目标

发展羊绒分梳加工和绒毛纺纱加工，发挥西藏皮毛制品民族特色优势，提高工艺技术水平，丰富产品类别，到2020年，皮毛绒加工实现总产值5亿元。

3. 建设重点

（1）建立羊绒分梳厂、绒毛线加工厂

选择与内地纺织发达区域合作建立羊绒分梳加工厂、绒毛线加工厂，生产无毛绒、绒毛线。

（2）提升皮毛制品加工工艺技术水平，丰富产品线

扶持现有皮毛加工企业实施技术改造，提高工艺技术水平，增加花色品种，积极开发具有民族特色的地毯、披肩等毛绒制品以及箱包、鞋等皮革制品系列手工艺品；引导毛绒制品向线、布料、成衣等纺织品方向发展，皮革制品向箱包、鞋、成衣等多品种、系列化、精深加工方向发展。

专栏19　皮毛绒加工重点工程

山羊绒分梳加工：建设规模化山羊绒分梳厂2家，引进先进的山羊绒分梳生产线，年分梳山羊绒400吨，年产无毛绒180吨，总投资6000万元。

毛绒纺纱加工：扶持龙头企业，改扩建毛绒纺纱生产线，年产绒毛线20吨，总投资500万元。

羊毛加工：加大培育和扶持羊毛龙头企业，购置先进的加工设备，改进生产工艺，完善藏毯、披肩、羊毛被等产品系列，年加工净羊毛约2000吨，总投资2000万元。

皮具加工：加大培育和扶持羊毛龙头企业，购置先进的加工设备，改进生产工艺，丰富产品类别，年加工10万张牛羊皮，生产包具、皮鞋、皮衣、皮杂件等具有民族特色的产品，总投资3000万元。

4. 建设布局

(1) 山羊绒分梳加工建设区域：可考虑在日喀则工业农产品加工园区或者拉萨市，具体加工布局根据后期详细论证再定。

(2) 毛绒纺纱加工建设区域：拉萨市。

(3) 羊毛加工建设区域：拉萨市、日喀则地区和山南地区。

(4) 皮具加工建设区域：拉萨市、日喀则地区和山南地区。

5. 2. 2. 5　藏药材加工

1. 发展现状

(1) 产业基础

藏药材产业已成为自治区最具发展潜力的支柱产业之一，截止 2013 年，全区医药制造企业有 27 家，其中 21 家通过国家 GMP 认证，年产中成药 2102 吨，医药制造业产值达到 12. 53 亿元。

全区藏药生产企业能够生产 360 多个藏药品种，其中获得国药准字号 159 个品种，18 个藏药品种收载在中国药典，200 个藏药品种、136 个藏药材收载在藏药部颁标准；各级藏医医院制剂注册批准文号总数 865 个（234 个品种）。

西藏诺迪康药业股份有限公司、西藏奇正藏药有限公司、西藏藏药股份有限公司、自治区藏药厂 4 家藏药企业的工业产值占全区藏药行业总产值的 86%，已成为自治区藏药骨干企业。自治区藏药厂的“甘露”商标荣获“中国驰名商标”称号。

(2) 存在的主要问题

开发应用不足，精深加工不够。藏药企业开发科研经费投入不足，开发应用研制滞后，尤其是在传统藏药与现代科技的结合，以及藏药科技成果的产业化方面研究严重不足。药材简单初级加工数量多，通过精加工的成药、生物制品、保健品少。

2. 发展目标

到2020年，开发一批具有自主知识产权的高科技藏药；培养2～3家年销售收入超过3亿元的藏药骨干企业，创建3个著名品牌，藏药加工产值达到18亿元。

3. 建设重点

（1）推进藏药产业现代化、科技化、规模化、品牌化发展

引进现代先进科技，推进藏药材精深加工研发工作，积极引导和鼓励企业技术改造和技术进步，发展技术含量、质量标准及附加值较高并具有相当规模的藏药名牌产品，推进藏药产业现代化、科技化、规模化和品牌化发展。

（2）推进藏药材生物制品和保健品发展

积极培育和引进生物科技企业，开发生产各种以藏药材为主要原料的生物制品、功能饮料和保健品，将富有西藏地域特色的生物制品和保健品打造成战略性新兴产业，成为新的经济增长点。

专栏20　藏药材加工重点工程

藏药材加工：实施技术改造，改扩建藏药精深加工生产线，开发3～5个具有自主知识产权的高科技藏药产品，达到藏药材年加工转化量5000吨规模，总投资2亿元。

藏药材生物制品及保健品加工：培育和引进2～3家生物科技企业，生产药材生物制品以及具有保健、绿色特色的系列保健品和功能饮料，达到藏药材年加工转化量5000吨规模，总投资2亿元。

藏药材品牌建设：创建3个著名品牌，申报2个有机保健食品认证，总投资300万元。

4. 建设布局

（1）藏药材加工建设区域：拉萨市、林芝地区、昌都地区。

（2）藏药材生物制品及保健品加工建设区域：拉萨市、林芝

地区。

5.2.2.6 林下资源加工

1. 发展现状

目前，林下资源加工企业主要从事食用菌的清洗、干燥、整理、切片和包装简单粗加工，缺乏深加工，大大限制了食用菌的价值和发展潜力。

2. 发展目标

到2020年，培育2－3家年林下资源加工龙头企业，初步具备林下资源深加工能力，实现总产值1.5亿元。

3. 建设重点

（1）建立食用菌现代化加工工厂，建设食用菌食品生产线

采用真空干燥、冷冻干燥、超细微粉碎等先进技术，生产不同用途的块状、颗粒状及粉末状食用菌制品、食用菌配料和食品添加剂，成为方便面汤料，调味品配料、烘烤和煎炸食品赋香、调味等诸多食品原料产品。

（2）开发功能性饮料、胶囊等保健品

采用超声波、超滤等高新技术提取菌类多糖，可用来开发具有免疫调节功能的保健食品和用于药品原料。

（3）推动创建2个著名品牌，申报2个有机食品认证。

专栏21 林下资源加工重点工程

食用菌食品加工：新建、扩建食用菌生产线，形成年加工野生食用菌500吨的规模。采用真空干燥、冷冻干燥、超细微粉碎等先进技术，生产不同用途的块状、颗粒状及粉末状食用菌制品，总投资2000万元。

林下资源保健品加工：新建林下资源保健品生产企业1家，年产功能性保健饮料1万吨，总投资5000万元。

品牌建设：创建2个著名品牌，申报2个有机食品认证，总投资200万元。

4. 建设布局

（1）食用菌食品加工建设区域：林芝地区。

（2）林下资源保健品加工建设区域：林芝地区。

5.2.2.7　蔬菜加工

1. 产品现状分析

（1）产业基础

2013 年，全区蔬菜总产量 66.99 万吨，根据自治区农牧厅调查，农村居民人均消费蔬菜约 290 千克/年，城镇居民人均消费蔬菜约 380 千克/年。假定旅游人口蔬菜消费按城镇消费标准人均在藏 7 天计算，估算蔬菜年总需求量 106.56 万吨，缺口 39.57 万吨。

表 5－19　西藏蔬菜生产量与消费量情况表　单位：万吨

种类	产量	消费量				供需结余
		城镇居民	农村居民	游客	合计	（产量－消费量）
蔬菜	66.99	28.12	69.03	9.41	106.56	－39.57

（2）存在的主要问题

自治区除了有少量的蔬菜腌制品、山野菜加工外，专门的蔬菜加工企业少、规模小，特别是缺乏蔬菜净菜加工。

2. 发展目标

到 2020 年，在蔬菜集中产区，完善蔬菜的冷藏保鲜设施，发展蔬菜清洗、分级、整理包装等初加工，发展净菜配送，净菜配送量达到区域蔬菜产量的 10%，实现总产值 3 亿元。推动蔬菜初加工企业品牌树立及推广，创建 1 个著名品牌，申报 2 个有机食品认证。

3. 建设重点

扶持现有蔬菜加工企业提高工艺技术水平，适度扩大产能；配合生产物流体系建设提升蔬菜储藏、保鲜、运输能力，重点做好果蔬的清洗、分级、整理包装等初加工，发展净菜加工。

专栏22　蔬菜加工重点工程

蔬菜净菜加工：新建果蔬气调保鲜库总库容2万吨（本项投资详见物流基地中的冷链物流设施建设，此处不重复计算）、厂房10000平方米，购置蔬菜清洗、分选、包装生产线，年加工净菜8万吨，总投资6000万元。

蔬菜加工企业改扩建：对现有蔬菜加工企业进行设备和技术升级改造，总投资1500万元。

品牌建设：推动蔬菜加工企业品牌推广，创建1个著名品牌，申报2个有机食品认证，总投资100万元。

4. 建设布局

（1）蔬菜净菜加工建设区域：拉萨市、日喀则地区农产品加工园区。

（2）蔬菜加工企业改扩建建设区域：拉萨市、日喀则地区、山南地区、昌都地区、林芝地区。

5.2.2.8　马铃薯加工

1. 发展现状

（1）产业基础

2013年全区马铃薯总产量38.79万吨，其中约80%以鲜食为主，约20%的马铃薯用于加工淀粉类食品，主要以淀粉、粉丝、粉皮等产品为主。目前规模较大的马铃薯加工企业有日喀则地区雅江源农业科技开发有限公司，具备年加工8万吨马铃薯粉丝的产能，其余加工企业普遍规模较小。

（2）存在的主要问题

一是工艺技术落后，产品品种单一。马铃薯加工主要从事以粗淀粉、粉丝、粉皮加工为主的简单加工，存在“规模小，技术含量低，产品单一”等问题。

二是缺乏知名度。虽然产品品质不错，但是由于产量小，缺乏市场影响力。

2. 发展目标

培育马铃薯初级和精深产品加工龙头企业，丰富产品种类，发展精深加工，到2020年，年加工转化马铃薯15万吨，产品加工转化率达到30%，实现年产值7.5亿元；推动马铃薯加工企业品牌树立及推广，创建1个著名品牌。

3. 建设重点

（1）发展马铃薯初级和精深加工，丰富产品线

提高马铃薯加工转化率，培育马铃薯初级和精深加工龙头企业3～5家，提高马铃薯的加工规模，重点发展马铃薯全粉、淀粉、变性淀粉，马铃薯粉丝、膨化食品、方便食品等多种产品，丰富深加工产品线。

（2）树立高原有机食品品牌，创建著名品牌

发展高原马铃薯有机食品，以有机食品的标准建设标准化生产线，并积极申请QS、有机食品认证，实施品牌战略，创建西藏名优品牌。

专栏23 马铃薯加工重点工程

马铃薯系列产品加工：扶持3～5家龙头企业，引进系列成套先进的加工设备，加工生产马铃薯全粉、淀粉、变性淀粉、粉丝等系列产品，年加工马铃薯能力达到10万吨，总投资8000万元。

> **品牌建设**：推动马铃薯加工企业品牌树立及推广，创建1个著名品牌，申报3个有机食品认证，总投资100万元。

4. 建设布局

马铃薯系列产品加工建设区域：日喀则地区、山南地区。

5.2.2.9 林果加工

1. 发展现状

（1）产业基础

林果加工以葡萄、核桃两类产品加工为主。

葡萄加工以葡萄酒及相关饮品为主。葡萄主产地昌都地区以西藏芒康藏东珍宝酒业有限责任公司为龙头，年加工葡萄240吨，生产“达美拥”商标干红葡萄酒120吨。

核桃加工以核桃油和核桃仁产品为主。年加工核桃油约600余吨，其中规模最大的加工企业为西藏圣鹿科技农业股份有限公司，年产核桃油约500吨，“圣鹿”品牌为“中国驰名商标”。另外，在山南地区加查县也有小规模核桃油加工厂，比如加查县雅江实业有限责任公司，生产“藏域圣原牌”核桃油，年加工量约30吨；林芝地区通过招商引资，引进核桃种植及加工企业西藏圣核农业科技股份有限公司。西藏的核桃仁以小型家庭式作坊为主，未形成规模。

（2）存在的问题

核桃不饱和脂肪酸含量高，含有人体必需的8种氨基酸，还含有多种微量元素和其它功能成分，具有很高的营养价值。但目前对核桃的开发不够，精深加工程度低，未充分发掘其价值。

2. 发展目标

扶持壮大林果深加工龙头企业，发展精深加工，扩大产能，到2020年，葡萄酒生产规模达到5000吨，加工核桃6000吨生产系列食品好保健品，总产值达到7亿元。

3. 建设重点

（1）扩大葡萄酒生产规模

扩大昌都葡萄酿酒规模，引进先进设备，采用先进的酿酒工艺，生产出优质、高档，具有区域特点的葡萄酒产品，实现规模化生产。

（2）发展核桃系列深加工产品

扶持核桃深加工龙头企业2～3家，重点发展核桃油、核桃蛋白粉、核桃乳饮料、核桃风味休闲食品。

专栏24 林果加工重点工程

葡萄酒加工：引进先进红酒酿酒生产线，扩建昌都地区葡萄酒产能，葡萄酒生产规模达到年产5000吨，总投资5000万元。

核桃系列产品加工：扶持核桃深加工龙头企业2～3家，新建核桃油生产线、核桃粉生产线、核桃乳饮料核生产线、核桃风味食品生产线，年加工核桃6000吨，生产核桃油1000吨、核桃蛋白粉700吨，核桃乳饮料5000吨，风味休闲食品500吨，总投资6000万元。

4. 建设布局

（1）葡萄酒加工建设区域：昌都地区。

（2）核桃系列产品加工建设区域：林芝地区、拉萨市。

5.2.2.10 茶叶加工

1. 发展现状

（1）产业基础

西藏目前具有一定规模的茶叶加工厂只有林芝地区波密县的易贡茶场，属于国有茶场，产品以绿茶和砖茶为主，尚未达到规模化生产，总产量仅有37.6吨，其中：绿茶3.6吨，砖茶34吨。易贡茶场注册了“雪域茶谷”商标，目前正在申请自治区名牌产品和有机食品认证。

（2）存在的问题

一是加工技术及设备落后。茶叶主要加工设备为上世纪九十年代的产品，机具老化，设备落后，技术实力弱。目前茶场已基本完成茶树更新，准备对茶叶加工进行技术改造。

二是茶叶产品结构不合理。高端有机高山绿茶所占比例小，低端砖茶所占比例高。

2. 发展目标

随着林芝波密、墨脱、察隅等区域茶叶产量提高，到2020年，茶叶产量达到200吨，其中中高档茶比例达到50%以上，实现产值5000万元；推进“雪域茶谷”品牌化进程，成为中国著名商标。

3. 发展重点

（1）提高工艺技术水平，丰富产品线

推进茶叶加工技术改造，引进先进、成熟的茶叶生产线，按GMP要求打造现代化茶叶加工厂；调整产品结构，完善产品系列，生产高山有机绿茶、有机红茶、砖茶，满足不同消费群体的需求。

（2）加强品牌营销，争创名牌

实施品牌战略，重视品牌效应，加强产品推介力度，做好名牌创建工作，充分利用对口援建的有利条件，做好市场营销工作，开拓区外市场。

专栏 25 茶叶加工重点工程

茶叶加工技术改造：按 GMP 要求建设厂房，引进先进的茶叶生产线，茶叶年产量达到 200 吨，其中：高山有机绿茶 60 吨、有机红茶 60 吨、砖茶 80 吨，总投资 2000 万元。

品牌建设：推进“雪域茶谷”品牌化进程，申请有机食品认证，总投资 200 万元。

4. 建设布局

林芝地区易贡茶场。

5.3 商贸物流基地规划

5.3.1 物流基地建设

5.3.1.1 发展现状

1. 物流基地建设情况

（1）大型物流园区

目前，西藏已建成青藏铁路那曲物流园区，拉萨现代物流园区及日喀则综合物流园区尚在规划中。

青藏铁路那曲物流园区位于那曲县那曲镇西南约 5 公里，以青藏铁路那曲火车站为中心，分为综合物流区、散堆装物流区、生产加工区，仓储区，占地面积达 8000 亩，是“西部最大、国内一流”的大型综合物流园区。

（2）冷链物流设施

西藏目前只有拉萨市和昌都地区建有冷链保鲜设施，且冷藏储备能力只有 2200 吨，冷链保鲜设施短缺，不能满足市场的需求。

表 5-20　西藏现有冷链保鲜设施示意表

序号	具体项目名称	地址	产品类型	规模（吨）
1	拉萨市润通商贸有限公司	拉萨市	果蔬	1200
2	堆龙德庆县果蔬保鲜库	拉萨市	果蔬	200
3	昌都粮油公司	城关镇	粮油	500
4	昌都察隅果业有限公司	城关镇	水果	300
5	合计			2200

2. 物流业供需现状

(1) 区域经济—物流弹性指数

物流产业是区域经济发展的重要组成部分，区域经济的发展是物流产业存在的基础，决定着物流的需求结构和区域物流能力。区域物流和区域经济之间存在着互动关系，两者的拉动效应和推动效应关系可以用区域经济—物流弹性来分析。区域经济—物流弹性（用 E 表示），是指区域经济（以区域 GDP 为指标，用 G 表示）增长率从与区域物流（以区域客运量和货运量为代表的物流能力指标，用 M 表示）增长率之比。在数学关系上，边际效应 dGDP/dM 和 M/GDP 物流效率因子被称为 E 的因子，其中，dGDP/dM 表现为边际效应，M/GDP 表示单位 GDP 产出需要多少单位的物流能力增长量来支持。

$$E = (dGDP/dM) \times (M/GDP)$$

当 $E>1$ 时，说明区域经济增长速度快于区域物流增长速度，区域物流需求大于物流供给，区域经济拉动区域物流发展；当 $E<1$ 时，说明区域物流增长速度快于区域经济增长速度，区域物流需求小于物流供给，区域物流推动区域经济发展；当 $E=1$ 时，区域物流与区域经济同步发展，区域物流供需平衡。

表 5－21　西藏自治区物流弹性指数示意表

年份	M（亿吨）	GDP（亿元）	M/GDP（万吨/元）	dGDP/dM	E
2007 年	0.08	341.43	2.39	6198.76	1.48
2008 年	0.09	394.85	2.31	6198.76	1.43
2009 年	0.10	441.36	2.23	6198.76	1.38
2010 年	0.11	507.46	2.18	6198.76	1.35
2011 年	0.13	605.83	2.13	6198.76	1.32
2012 年	0.14	701.03	2.06	6198.76	1.28

备注：参考“西藏现代物流产业链发展与发展路径研究”成果，由西藏大学经济与管理学院担任课题研究团队。

从上表可以看出，西藏 GDP 与物流能力呈一次多项式关系，E＞1，说明西藏区域物流能力增长速度慢于区域经济增长速度，西藏物流需求大于物流的供给。同时，西藏的经济物流弹性一直呈下降趋势，说明西藏物流产业对经济增长的推动作用正逐渐增强。

（2）单位货运量 GDP 指标

单位货运量 GDP 指标作为衡量区域物流成本的指标之一，GDP/货运量这个指标数值越大，说明物流效率越高，物流成本越低。从单位货运量 GDP 分析，西藏自治区的物流业具备一定的区域效率优势。2011－2013 年我国和西藏地区单位 GDP 货运量指标如下表所示。

表 5－22　全国和西藏自治区 2011－2013 单位 GDP 货运量示意表

年份	全国			西藏自治区		
	GDP（亿元）	货运量（万吨）	GDP/货运量（元/吨）	GDP（亿元）	货运量（万吨）	GDP/货运量（元/吨）
2011 年	471563.7	3696961	1275.5	605.8	1043	5808.2

续表

年份	全国			西藏自治区		
	GDP（亿元）	货运量（万吨）	GDP/货运量（元/吨）	GDP（亿元）	货运量（万吨）	GDP/货运量（元/吨）
2012 年	519322.1	4099400	1266.8	701.0	1144	6127.6
2013 年	568845.2	4102495	1386.6	807.7	1328	6082.1

5.3.1.2　发展条件

1. 物流信息化建设条件

西藏已进入信息化时代，截止 2013 年，全区实现了 85% 的乡通光缆和 60.37% 的行政村通电话，74 个县城所在地、28 个风景区、416 个乡镇已覆盖 3G 网络，互联网用户达到 120 万户以上，并在西部 10 省区中第 6 个实现了乡通宽带目标，为推动物流业信息化发展奠定了良好的基础。

2. 交通运输条件

西藏已形成公路、铁路和航空交通体系组成的现代交通运输体系，为构筑高效率、低成本的现代物流体系创造了条件。

（1）公路交通体系：西藏公路交通体系初步形成，建成以拉萨为中心，以“三纵、两横、六个通道”为主骨架，以 20 条国省道干线公路、74 条专用公路和众多农村公路为基础，辐射藏中、东、西三个经济区的公路网。

（2）铁路交通体系：西藏已规划打造“两纵两横、五条出藏通路”的铁路网络，将覆盖地区行政中心所在地及重要城镇，保障满足自治区对铁路运输的需求。

（3）航空交通体系：西藏已建了拉萨贡嘎机场、日喀则和平机场、林芝米林机场、昌都邦达机场、阿里昆莎机场，进驻航空公司 8 家，开辟航线 54 条。

5.3.1.3　发展思路

西藏农产品物流业的发展要遵循现代物流产业发展趋势，大力发展第三方物流和虚拟物流，积极构建产业结构合理、服务体系完善、专业化程度较高的新型农产品物流园区产业体系，把园区建设成为容商流、物流、信息流于一体，集农产品运输、包装、展示配送、仓储服务、电子商务、物流信息与金融服务等多种功能于一园，以专业化市场为特色的农业现代化物流园区。

西藏农产品物流链条体系规划包括物流和市场信息流。物流包括供应物流、生产物流和销售物流三个环节。

1. 物流

（1）供应物流。把鲜活的农副产品从产地运往就近的生产加工企业，花费的时间和路程较短，这段物流采用常温物流最为合适。

（2）生产物流。将运来的鲜活农副产品进行生产加工、预冷冷冻（常温）。

（3）销售物流。将加工好的产品单温冷链运输到大型物流园区冷藏（储藏），然后按照市场的需求配货，并且采用单温冷链和多温共配冷链物流方式运输。

2. 市场信息流

市场对各大农副产品和加工产品的需求信息通过物流园区货物调运情况反映出来，并反馈给生产加工企业，然后生产加工企业根据反馈信息对原料产地发出订单，形成高效的农副产品物流市场信息系统。

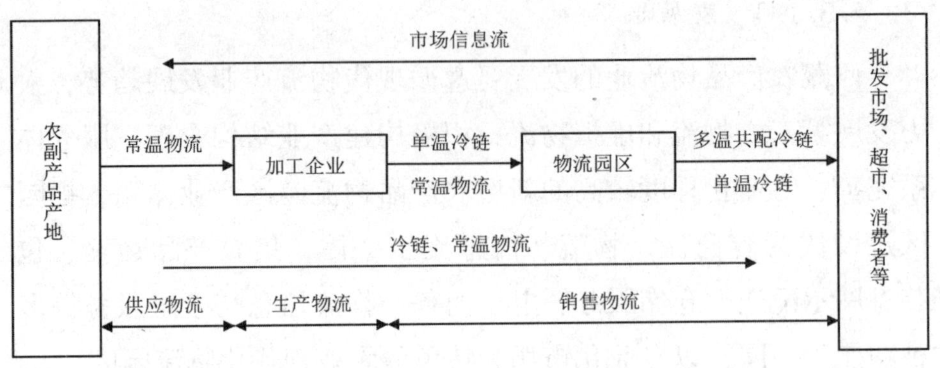

图 5－18　西藏农产品物流体系构架图

5.3.1.4　发展目标

到 2020 年，基本建成与全区农牧业产业发展相适应的农产品现代物流体系。物流的专业化、社会化、组织化水平大幅提高，第三方物流的比重有所增加，物流业规模进一步扩大；建成一批物流园区，构筑若干区域性物流节点，实现生鲜农产品从原料产地—加工企业—物流园区—目标市场的无缝链接；建成功能完善、便捷高效、与区内外市场对接的农产品现代物流公共信息平台，以先进的硬件设备和有效的管理模式为基础，达到对物流资源的高度整合。

5.3.1.5　建设重点

1. 完善农产品物流体系

建立“供应物流—生产物流—销售物流”三级物流体系，健全自治区农产品市场调节战略储备机制。

(1) 销售物流体系

依托航空港和铁路站等交通枢纽，在拉萨市、日喀则地区、林芝地区、昌都地区新建 4 大农产品物流园区，与那曲物流园区一起，构成西藏销售物流网。每个物流园区占地面积为500亩左右，布置调度中心、商务展示区，常温仓储区、冷链仓储区、包装整理区、停车场等，采用多温共配冷链物流方式运输。

（2）生产物流体系

在规划的5大农产品加工园区配套布局5个物流区，满足加工企业的生产需求。每个加工园区的物流区占地面积30～50亩，布置调度中心、常温仓储区、冷链仓储区、停车场等，采用单温冷链和常温物流方式运输。

（3）供应物流体系

在规模化农产品种植、养殖基地建设一批仓库、气调库等物流设施，满足基地农产品的周转需求。

2. 加强冷链物流设施建设

根据我国《物流业调整和振兴规划》，到2015年，全国将初步建成农产品冷链物流服务体系，使果蔬、肉类、水产品冷链流通率分别达到20%、30%、36%以上，流通环节产品腐损率分别降至15%、8%、10%以下。西藏目前只有拉萨和昌都地区有冷藏保鲜设施，且冷藏储备能力仅有2200吨，亟待加强冷链物流设施建设，为鲜活农副产品和易腐异变质加工产品提供冷链运输、仓储和货物的高效调配，确保各种鲜活产品在销售全过程中品质的合格、安全和流通各环节的链接畅通，为区内、区外市场及时有效地提供多品种、高品质的农产品。

3. 大力发展第三方物流

鼓励农产品工商企业分离外包业务，将农产品运输、仓储、包装、配送等物流业务交由第三方物流企业承担，促进企业内部物流社会化。加强对现有运输、仓储、货代、批发、零售企业的服务延伸和功能整合，促进传统物流企业向现代物流企业转变。

以现有发展基础较好、具有一定规模和先进管理理念的物流企业为重点，进一步完善功能、提升服务，培育形成一批具有核心竞争力的第三方物流企业。积极推动物流企业进行国家认证，培育一批符合国家物流标准的A级物流企业和若干家3A级以上企业。积极引进国内外知名第三方物流企业，鼓励自治区企业与之合资合作，吸引大型物流、货代企业进入西藏，建立地区总部和采购中心，带动西藏物流技术和物流管理水平全面提升。

4. 建立统一的农产品电子商务信息平台

建立全区统一的西藏农产品电子商务信息平台。整合各个物流园区物流信息系统的信息资源，建立网络信息数据库，完成各系统之间的数据交换，实现物流资源共享和信息互联互通。加强物流企业与上下游企业之间的合作，形成并优化供应链。以计算机网络技术进行采购、库存、运输、销售等各个环节的管理，实现与电子商务B2B或B2C系统的对接。

5. 建立外贸口岸农产品专区

依托国家对西藏外贸口岸建设的契机，在西藏对外贸易6个口岸的商贸集聚及展示地，分别建立农特产品交易专区，其中：在贡嘎、樟木、普兰和吉隆4个一级口岸建立大型农特产品交易专区，占地面积30亩；在日屋二级口岸建立中型农特产品交易专区，占地面积10亩，贡嘎机场航空口岸建立农特产品展示及交易专区商柜500平方米。

专栏26　农特产品物流基地重点工程

销售物流园区建设：新建拉萨现代物流园区、日喀则物流园区、林芝物流园区和昌都物流园区，每个物流园区占地500亩，布置调度中心、常温仓储区、冷链仓储区，完善基础设施，总投资约12亿元。

生产物流体系建设：在规划的5大农产品加工园区配套布局5个物流区，其中：已建的拉萨农产品加工集聚区和日喀则农产品加工园区内完善物流设施区，其余3个新建加工园区规划专用物流园区，每个物流区占地面积30～50亩，布置调度中心、常温仓储区、冷链仓储区，总投资约2.4亿元。

供应物流体系建设：在规模化农畜产品基地选择30个点建设一批仓库、保鲜库等物流设施，结合市场调节物资储备，满足农产品周转需求，总投资约1.5亿元。

农产品电子商务信息平台：建立全区的电子商务交易平台，配置服务器、网络基础设施、信息交易终端等设施，总投资约2500万元。

外贸口岸农产品专区：在贡嘎、樟木、普兰和吉隆4个一级口岸建立农特产品交易专区，每个占地面积30亩；在日屋二级口岸建立农特产品交易专区，占地面积10亩，贡嘎机场航空口岸建立农特产品展示及交易专区商柜1000平方米，总投资约1.5亿元。

5.3.1.6 建设布局

（1）销售物流布局：堆龙德庆县、日喀则市、林芝县、昌都县。

（2）生产物流布局：曲水县、乃东县、日喀则市、林芝县、昌都县五大农产品加工产业园内。

（3）供应物流布局：拉萨市、日喀则地区、山南地区、昌都地区、林芝的主要农特产品种植、养殖基地内。

（4）农产品电子商务信息平台布局：拉萨市。

（5）外贸口岸农产品专区布局：贡嘎、樟木、普兰、吉隆、日屋口岸，贡嘎机场。

5.3.2 市场建设

5.3.2.1 发展现状

1. 农产品批发市场

根据自治区商务厅统计，全区大上规模的农产品批发市场共

图 5－19　西藏农产品物流体系建设分布图

计 10 个其中：拉萨市 4 个、日喀则地区 1 个、林芝地区 2 个、那曲地区 3 个，山南、昌都和阿里地区尚无批发市场。

2. 县乡级农贸市场

自治区已建县级农贸市场 37 个，主要满足区域性农产品交易，农产品以地方出产为主。

3. 农产品商贸物流渠道建设

(1) 农村商贸物流工程

西藏自 2006 年实施“万村千乡市场工程”以来，截止到 2013 年底，国家和自治区累计投入资金 1.55 亿元，建成 7480 个农家店、113 个商品配送中心和 104 个乡镇商贸中心。其中，商品配送中心覆盖率为 100%，乡镇商贸中心覆盖率为 15.16%，农家店县、乡、村覆盖率分别达到 100%、97.37%、94.08%；在拉萨市、山南地区、阿里地区和林芝地区实现农家店县乡村三级全覆盖。

2006～2013 年西藏“万村千乡市场工程”取得的成果见下表。

表 5－23　2006～2013 年西藏“万村千乡市场工程”成果

农村商贸流通体系	数量	数量	西藏覆盖率	全国平均覆盖率
农家店	个	7480	>94%	98%
商品配送中心	个	113	100%	100%
乡镇商贸中心	个	104	15.16%	——

自治区“万村千乡市场工程”已取得了阶段性成果，目前主要是乡镇商贸中心数量不足，覆盖率不足两成。另外，国家商务部于 2009 年开始实施“万村千乡”市场信息化建设工作，西藏于 2011 年启动该项工程，目前市场信息化建设尚处在起步阶段。

（2）城镇“农—超”等对接工程

西藏自治区从 2011 年开展“农超对接”试点工程，选定拉萨市和日喀则地区。试点超市主要与公司、合作社对接新鲜果蔬，自治区商务厅还配备了 100 台蔬菜直销车，重点解决城郊、城乡结合部的居民买菜问题，切实为市民带来便利。

5.3.2.2　发展思路

按照“统筹兼顾、突出重点”的原则，不断完善和规范传统的农产品集贸和批发市场，积极支持和促进多元化的农产品销售市场的共同发展，依托完善的农产品物流体系，统筹构建功能互补、功能完善的农产品市场销售体系。

以传统的农产品集贸市场为基础，农产品综合性批发市场为主体，重点培育农产品专业化市场、电子商务网络市场、对接等适宜现代农产品销售的市场模式，发展“订单农业”，减少农产品流通中间环节，降低农产品流通成本，从而更好的服务于市场，提高收入。

5.3.2.3 发展目标

（1）健全农产品市场体系。到2020年，地市级农产品批发市场覆盖率达到100%，县级农贸市场覆盖率达到100%。

（2）推动农产品商贸物流渠道建设。到2020年，乡镇商贸中心覆盖率达到25%；实施“农—超”对接工程的超市占总数30%，带动农产品生产基地超过30个。

（3）完善批发市场冷链设施建设。到2020年，全区农产品批发市场冷链保鲜设施总库容达到2万吨。

（4）推广市场信息化工程。到2020年，批发市场息化率达到100%，商品配送中心信息化率达到50%，乡镇商贸中心信息化覆盖率达到20%。

5.3.2.4 建设重点

1. 地区级农产品批发市场建设

新建5个地区级的农产品批发市场，形成全区15个农产品批发市场的格局，主要满足地市范围的农产品商贸流通。

2. 县级农贸市场建设

以县城为中心，新建45个农贸市场，升级改造37个农贸市场，实现县级农贸市场全覆盖。

3. 商贸渠道建设

继续推动“万村千乡市场工程”。新建68个乡镇商贸中心；推进“农超对接”、“农批对接”、“农校对接”、“农寺对接”工程，配置配送车辆，直接带动基地30个。

4. 冷链保鲜设施建设

在15个农产品批发市场完善鲜活农产品储藏、运输和配送冷链物流设施，冷链保鲜设施总库容达到2万吨，提高鲜活农产品冷藏运输比例。

5. 市场信息化工程建设

在批发市场建立健全电子管理、电子商务系统，包括：电子结算功能、电子监控功能、信息发布与查询功能、综合管理功能、商务交易功能。并与商务、工商、税务、检验检疫、银行、保险等部门信息平台实现对接。

在商品配送中心、乡镇商贸中心逐步推进信息化改造和升级。

专栏27　农产品市场重点工程

地区农产品批发市场建设：新建5个地区级的农产品批发市场；每个市场占地面积5～10亩，并建设市场管理、仓储设施，完善基础设施；总投资1亿元。

县级农贸市场建设：新建45个农贸市场，每个市场占地1～3亩，总投资2.25亿元。

升级改造37个县级农贸市场，完善市场调度、信息化管理、仓储物流等基础设施；总投资3700万元。

商贸渠道建设：新建68个乡镇商贸中心，每个商贸中心补贴5000元，总投资34万元。

推进对接工程，配置配送车辆，直接带动基地30个；每个基地补贴30万元，总投资900万元。

冷链保鲜设施建设：在15个农产品批发市场，建设冷链保鲜设施总库容达到2万吨，总投资约6000万元。

市场信息化工程建设：在15个农产品批发市场，建立健全电子管理、电子信息系统，购买信息化硬软件设施，每个市场投资80万元，总投资1200万元。

在57个商品配送中心，完成信息化改造，配备电子扫码系统、信息化管理系统，每个配送中心投资30万元，总投资1710万元。

在138个乡镇商贸中心，完成信息化改造，主要配套扫码系统、信息化管理系统，每个商贸中心投资5万元，总投资约690万元。

5.3.2.5 建设布局

（1）地区农产品批发市场建设布局：日喀则地区（2 个）、山南地区、那曲地区、阿里地区。

（2）县级农贸市场场建设布局：自治区七地市。

（3）商贸渠道建设布局：自治区七地市。

（4）冷链保鲜设施建设布局：15 个地市级农产品批发市场。

（5）市场信息化工程建设布局：自治区七地市。

图 5－20 西藏农产品市场体系建设分布图

第六章

支撑体系建设

Zhicheng Tixi Jianshe

西藏高原特色农牧业经过十年发展，取得了有目共睹的成绩，在新时期迎来了以现代农业理念为引领、深入发展、提升完善的新一轮建设高峰，只有优化农牧资源配置、创新和完善农牧业支撑体系，才能促进西藏高原特色农牧业产业优质、高效、生态、安全发展。本规划围绕体系建设的总体目标，依据各体系的现状和问题，提出西藏高原特色农牧业基础设施体系、特色农牧业良种繁育体系、特色农牧业科技服务与推广体系、特色农牧业科技人才培养体系、特色农牧产品质量安全体系、特色农牧业新型经营体系、特色农牧业品牌体系等“七大支撑体系”建设。

6.1 特色农牧业基础设施体系

6.1.1 高标准农田

1. 发展现状

至2013年底，全区耕地349.58万亩，其中旱地347.72万亩，水田1.86万亩，主要集中于雅鲁藏布江干支流及东部河谷区。全区中低产田面积238.5万亩，占耕地面积的68.23%，严重制约了西藏自治区农牧业的进一步发展。

2. 存在的主要问题

（1）耕地等级低、质量不高

现有耕地中高产田多数集中分布在“一江两河”沿岸河谷

区，大量中、低产田主要分布在边远地区和高寒地带。耕地的有机质含量一般只有1%～2%左右，导致肥力不足、产出不高。

（2）农田灌排基础设施薄弱

目前全区近半数的耕地没有灌溉水源或缺少灌排设施。现有灌溉面积中灌排设施配套差、标准低等问题比较突出，导致严重干旱时供水不足，遇到较强降雨容易造成农田渍涝。

（3）农田配套设施不完备

田间道路不配套，机耕道“窄、差、无”、农机“下地难”问题突出。部分机耕道建设不规范、标准不高、养护跟不上、损毁严重，难以满足大型现代农机作业的需要。农田输配电设施建设滞后，农田灌溉排涝成本高、效率低。

3. 建设目标

至2020年，新建集中连片、旱涝保收高标准农田205万亩。

4. 建设重点

（1）整治田块、改良土壤

根据土地利用总体规划确定的耕地和基本农田布局，进一步优化农田布局结构，合理划分和适度归并田块，平整土地，减小农田地表坡降。根据西藏自治区各地的地形地貌、作物种类、机械作业效率、灌排效率和防止风害等因素，合理确定田块的长度和宽度。采用农艺、生物等各类措施，对田间基础设施配套建设后的耕地，进行土壤改良、地力培肥。通过施用农家肥、秸秆还田、种植绿肥翻埋还田，提升土壤有机质含量。推广保护性耕作，实施测土配方施肥，促进土壤养分平衡。

（2）建设灌排设施、整修田间道路

加强水源工程建设，按照灌溉与排水并重、骨干工程与田间工程并进的要求，配套改造和建设灌溉排水设施。因地制宜推广渠道防渗、管道输水、喷灌、微灌等节水灌溉技术。按照农业机械化的要求，优化机耕路、生产路布局，合理确定路网密度，整修和新建机耕路、生产路，配套建设农机下田（地）坡道、桥涵等附属设施，满足农机作业、农业物资运输等农业生产活动的要求。

（3）配套农田输配电设施、完善农田防护体系

对适合电力灌排和信息化管理的农田，铺设输电线路，配套建设变配电设施，为泵站、机井以及信息化工程提供电力保障。以受大风、沙尘暴等影响严重的区域、水土流失易发区为重点，加强农田防护与生态环境保持工程建设，合理修筑岸坡防护、沟道治理、坡面防护等设施。

（4）加强农田监测、强化后续管护

提高农业科技服务能力，配置定位监测设备，建立耕地质量监测、土壤墒情监测和虫情监测站（点），加强灌溉试验站网建设，开展农业科技示范，大力推进良种良法、水肥一体化和科学施肥等农业科技应用，加快新型农机装备的示范推广。落实高标准农田管护主体和责任，建立奖补机制，引导和激励专业大户、家庭农场、农民合作社、涉农企业和村集体等参与高标准农田设施的运行管护。

专栏 28　高标准农田重点工程

高标准农田建设工程：新建集中连片、旱涝保收的高标准农田 205 万亩，重点围绕土壤改良、灌排设施、田间道路、机械化应用、建后管护等建立结构合理的高标准农田。建设标准：2000 元/亩。

5. 建设布局

以全区 35 个粮食主产县为核心，兼顾非主产县的重点粮食

生产乡（镇）。

6.1.2 饲草料基地

1. 发展现状

全区现有天然草原面积 8266.67 万公顷，占西藏土地面积的 68.89%，占全国天然草原总面积的 1/5 左右。由于西藏所处的特殊地理位置、复杂的自然环境和气候条件，造就了草地类型的复杂性，草地类型多达 17 种。

2. 存在的主要问题

（1）生态环境脆弱，草地载畜能力下降

脆弱的自然环境和多年的超载过牧，使得西藏天然草地退化，草地载畜能力下降，草畜矛盾日益突出。特别是饲草供求存在着季节不平衡，冬春季草畜矛盾加大。

（2）人工牧草基地规模小，饲料产业链不完善

人工饲草基地种植规模小，不能满足畜牧业的需求；饲草良种繁育体系不完善，技术推广力量薄弱，优质饲草种子主要靠外地供应，种植方式粗放；饲草料加工市场化程度低，缺乏规模化的饲草料生产企业。

3. 建设目标

到 2020 年，新增和改善灌溉人工饲草料基地 100 万亩。

4. 建设重点

（1）加强优质牧草基地建设

要根据现有人工饲草料基地现状，采取新建、更新复壮、补播等技术措施，加强人工饲草料基地建设。一是推广粮草轮作，在农田内，推广秋季种植光叶紫花苕、芫根、青燕麦等。二是人工饲草基地建设。利用荒地、退耕还草地建立人工饲料基地，种

植高产优质多年生牧草为主，如紫花苜蓿、箭舌豌豆等，并建设人工饲草的专用钢丝围栏，完善储草库等配套设施。三是建围栏改造天然草地。在围栏的基础上，对裸露草地进行补播、更新复壮、施肥，采取封育为主，实行有计划轮牧。四是加快草产业建设步伐。以龙头企业为依托、农户为基础、林业部门为技术支撑，强化现代农牧业发展的产业支撑，大力加强草产品生产基地建设，建成产、供、销一条龙式的技术服务体系，推动全区草产业快速高效发展。

（2）着力推进新品种培育和新技术推广

加快牧草新品种培育，培育多抗、广适、高产、优质、刈割性好及机械作业性强等具有重大应用价值和自主知识产权的突破性新品种；在牧草产业发展的过程中要因地制宜，优先考虑采用免耕等技术播种多年生牧草，以减少土壤的耕作力度，避免草地土层冬季大面积裸露，从而最大限度避免土壤流失。

（3）做好饲料加工转化工作

针对青贮工作较薄弱的现状，强化以青贮窖、中小型饲料加工机具为重点的草业基础建设，引进先进加工技术和设备，开发新产品，扩大全价饲料、浓缩饲料和饲料添加剂生产，积极开展以粗加工为主的小型饲草加工网点，提高饲草加工、转化与利用率。

专栏 29 饲草料基地重点工程

人工种草与天然草地改良工程：新增和改善人工饲草料基地 100 万亩。其中：新建旱作人工饲草料基地 29 万亩、灌溉人工饲草料基地 30 万亩、绿洲型饲草料基地 10 万亩；改善人工饲草料基地 31 万亩。

天然草地退牧还草工程：退牧还草 6300 万亩，其中休牧 4800 万亩，补播 1500 万亩。

5. 建设布局

(1) 人工种草与天然草地改良工程建设区域：旱作人工饲草料基地布局在日喀则、山南、林芝和昌都四个地区的15个县；灌溉人工饲草料基地布局在除阿里地区外的六个地市的31个县；绿洲型饲草料基地布局在阿里地区；改善人工饲草料基地布局在全区。

(2) 天然草地退牧还草工程建设区域：全区。

6.2 特色农牧业良种繁育体系

1. 发展现状

西藏高原特色农牧产品良种繁育体系具备一定基础，14类特色农牧产品中，彭波半细毛羊、绒山羊的良种化程度较高，其它牲畜良种化程度则较低，不利于特色农牧业整体良种覆盖率提升和品质提高。藏药材、林下资源、冷水鱼等人工驯化及保护程度偏低、品种范围较窄，直接导致其生产规模偏小，限制了其商品转化和经济价值的实现。良种繁育、推广及管理机构尚未健全，尤其涉及边远藏区的良种繁育和推广工作有待加强。加快种养业良种体系建设已成为当务之急。

2. 建设目标

到2020年，全区农作物良种覆盖率达到95%，畜禽良种覆盖率达到40%。

3. 建设重点

(1) 围绕牦牛、藏系绵羊、绒山羊、藏鸡、藏猪、冷水鱼六类独具西藏高原资源禀赋特点的畜禽产品，巩固现有保种育种成果，以畜禽本品种选育为核心，杜绝其它品种来进行改良。配合饲草业基地建设，在各主产区建立原种保护场——品种改良和扩繁基地——养殖基地的三级畜禽良种繁育推广体系，全面提升西藏特色畜禽品种的生产性能。

（2）奶牛重点引进优良品种，改良本地黄牛，选育适合各区域的品种。

（3）围绕藏药材、林下资源开展种植人工驯化和良种选育工作，以人工规模化栽培为驯化和选育出发点，同时加强对野生藏药材和林下资源的资源保护工作，在主产区建设生态保护基地——人工促繁育苗基地——标准化种植基地的“保育繁一体化”体系。

（4）青稞、马铃薯两类产品重点为品种性能提升和良种推广种植工作，通过综合试验科技示范区的建设，加强育种研发及推广工作；蔬菜、林果、茶叶三大产品重点为优质品种引进、藏区种植选育和育苗推广工作，通过引进栽培——苗圃繁育在全区进行良种推广工作。

（5）依托各级农技服务推广中心（站），构建从地市—各县—主产乡镇的良种繁育管理和监督机构，承担本地区特色农牧产品良种繁育体系建设实施任务。

以上重点工程见14类特色农产品基地的建设内容。

6.3 特色农牧业科技服务和推广体系

1. 发展现状

“十二五”期间，自治区农技推广服务体系建设取得了长足进步。截止2013年底，自治区在国家农技推广服务体系建设项目的支持下，建成了自治区牦牛青稞生物技术综合实验室、畜牧总站以及5个地区级草原站、2个地区级畜牧兽医站、61个县级农技推广服务站和74个乡镇农牧业综合服务中心实验室，对开展新品种、新技术推广示范、推进基层农牧科技推广、普及基层农牧科技知识、提高农牧民科学素质、促进农牧区经济发展方式的转变，不断夯实农牧民增收的基础等工作起到了积极作用。目前尚有330个牧业乡镇农牧业综合服务站没有建设。

2. 存在的主要问题

（1）农技服务和推广体系不健全，近半数乡镇科技服务和推广机构处于空白状态。

（2）建设成本高，投资标准低，配套设施不全。西藏自治区建筑造价较高，现有国家项目投资标准偏低，一定程度上导致了建设进度缓慢。

（3）偏远区域的农技服务和推广工作薄弱。

3. 建设目标

到2020年，基本建成覆盖全区农业乡镇的机构设置合理、设施设备齐全、人员配备到位、运转经费充足、管理机制完善的基层农牧业科技服务体系，实现全区农牧业科技服务全覆盖，农牧业科技贡献率达到55%。

4. 建设重点

在完成农业乡镇353个农牧业综合技术推服务中心的基础上，新建330个半农半牧乡镇农牧综合服务中心。本着配套完善、功能齐全的原则，乡镇农牧综合服务中心按照每个中心投资50万元建设。

专栏30　科技服务与推广体系重点工程

乡镇农牧综合服务中心：新建330个农牧综合服务中心，建设业务用房、配套完善设施设备；建设标准50万元/个。

5. 建设布局

（1）乡镇农牧综合服务中心建设区域：330 个半农半牧乡镇。

6.4 特色农牧业科技人才培养体系

1. 发展现状

经过多年发展，西藏农牧业科技取得长足进步，对特色农牧业持续发展、农牧民稳定增收、农牧区繁荣稳定作出了突出贡献。但从整体来看，依然存在农牧业生产科技贡献率低、农牧业科技普及率不高、农牧业科技创新能力不强等问题，其中特色农牧业科技人才匮乏问题尤为突出，严重制约了农牧业现代化发展进程。

（1）科技人才总量不足，技能不够。据统计，目前自治区农牧业科技人才占全区人才总量的 13% 左右，基层农牧科技人员极其缺乏，每万农村劳动力人口中有仅有农业科技人才 17 人，并且 90% 以上是大专以下学历，整体素质不够理想，不能与现化农牧业发展相适应。

（2）科技人才难以稳定。由于农牧区基层科技工作难度大、强度高、条件艰苦、待遇低等问题，导致现有农牧业科技人员队伍出现军心不稳、人才流失的现象。

2. 建设目标

到 2020 年，全区选拔培养 10 名农牧业科研带头人，建立 10 个农牧业科研创新团队；培养 5000 名农牧业技术推广骨干人才、5000 名农牧业实用技术带头人；引进 100 名高层次农牧业科技人才、1000 名援藏技术人才。（简称“151”人才培养工程）

3. 建设重点

（1）高素质农业科技人才培养：在自治区农牧业具有学科优势、产业优势、资源优势和技术优势的领域，重点支持和培育一批瞄准科技前沿和战略性新兴产业、具有引领作用的学科带头人和工程师；依托国家和自治区重点学科、重大科研项目、重点工程和重大建设项目，建设若干重点领域科技创新团队；依托高等学校、科研院所和高新技术产业园区，集中力量建设一批开放式实验室、科技合作示范园、工程技术研究中心和产业技术研发基地。

（2）青年科技创新人才培养：着眼人才基础性培养和人才储备，提高自主创新能力，积极争取国家和援藏省市的支持，在高等院校、科研院所、大型央企建设一批青年科技创新人才培养基地，每年选拔优秀青年科技人才和紧缺专业优秀大学生进行定向培养。

（3）实用型技术人才培养：每年安排一批基层农牧业科技人员、选拔一批农牧业生产能手和农村知识青年进修学习，外出观摩学习，培养农牧业技术推广骨干人才和技术带头人。

（4）高层次紧缺人才引进：围绕自治区经济社会发展战略目标，有计划地引进一批能够突破关键技术、发展重点产业、带动农牧科研发展的优秀农牧业科学家、企业家、创新创业领军人才和各类急需紧缺人才，支持重大科技项目实施、成果转化和产业孵化。

专栏31　农牧业科技人才培养体系重点工程

“151”**人才培养工程**：向国家争取设立“西藏农牧业科技人才专项基金”，用于：(1) 科技研发和推广基金。每年选拔一批农牧业科研骨干人才并给予科研和农业科技推广专项经费支持，投资3000万元/年；(2) 人才培训基金。每年安排一批农牧业科技人员、选拔一批有知识的农牧民进修学习，投资3000万元/年；(3) 人才引进基金。引进农牧业科技人才到西藏工作、服务，提供良好的工作条件、给予优厚的生活待遇，投资2000万元/年；(4) 人才奖励基金。建立考评标准，对农牧业科技创新和技术推广做出贡献的人才给予奖励，投资1000万元/年；(5) 人才补助基金。分地区制定补助标准，对在基层一线工作服务达到一定年限的技术人员、援藏技术人才、大学生志愿者给予生活补助，投资1000万元/年；合计总投资1亿元/年。

6.5　特色农牧产品质量安全体系

1. 发展现状

西藏自治区农产品质量安全检测工作起步较晚，目前已设有自治区农畜产品质量安全检验检测中心；拉萨市和林芝地区质检中心已完成建设、尚未全面投入运行，其他5个地区质检中心将在“十二五”末全部完成；江达县、洛隆县、墨竹工卡、白朗县、亚东县、普兰县、波密、拉孜、扎囊、安多10个县级质检站建设将在“十二五”末全部完成。从自治区到地（市）、县已培养了一批检测人员队伍，机构也在不断完善之中，已初步具备承担相关检测任务的能力。

2. 存在的主要问题

(1) 质检站、点建设进度缓慢、后续管理亟待加强

除地市级农产品质量检测中心外，部分农牧县质检站、点建设工作尚未全面展开，已建成的县级质检站也尚未全面运行，导

致农产品质检工作滞后。

（2）检测技术水平亟待提升、检测人才队伍急需扩充

自治区现有农产品质检部门检测技术水平尚处于初级农产品检测阶段，检测产品对象范围较窄，检测技术人员队伍规模小，人员分布以地区级为主，基层专业检测人员缺乏，无法满足西藏高原特色农产品丰富多样、日益规模化产出的需求，不利于食品安全监管和农牧产品市场化发展。

3. 建设目标

到2020年，在14类高原特色农牧产品主要基地建设现代化病虫测报点、动物卫生监督点60个，搭建起“自治区农畜产品质检中心——地级质检中心——县级质检站——基地检测点”四级农畜产品质量安全检测机构体系，实现对农产品产前、产中、产后的全程监控，基本实现农产品质量可跟踪、责任能追溯，全面监控农产品质量安全状况。

4. 建设重点

（1）建设完善“四级”农产品质检机构及人员体系

新建60个主要农牧产品基地质量检测点，形成覆盖全区的农畜产品质量检测网络。以提升全区农畜产品质量检测水平为目标，完善各质检点检测仪器设备和相应设施建设；为基层质检机构培养检测技术人员，各县形成以质检站骨干力量为核心、各乡镇基地检测点技术人员为主力的西藏基层农产品质检人员体系。

（2）建设农畜产品质量检测可追溯体系

在全区“菜篮子”生产县的蔬菜种植基地和畜牧业生产大县的养殖基地，按照先试点再全面推进的方式，先在通过“三品一标”认证的生产企业、国家和自治区级产业化龙头企业及农牧民专业合作社中进行可追溯试点示范，结合标准化和农产品质量安

全示范县建设，经过3年时间试点，形成全区主要农产品质量安全可追溯雏形，在总结经验基础上，逐步建立起农产品质量安全可追溯体系。

专栏32 农牧产品质量安全体系重点工程

质量检测点建设：新建60个质量检测点，配备完善设施设备。

农产品质量检测可追溯体系建设：以7地（市）为中心，覆盖14类特色农牧产品规模化生产基地、加工企业。通过制度建设、信息网络及管理平台建设、农产品安全示范县三大主要内容建设，建成特色农牧业投入品、生产环节、产出品全面质量追溯体系。

检测技术人员队伍建设：以基层检测技术人员培训和骨干人员培养为核心，采用培训课程、事件训练、交流学习等多种形式，提升检测人员技术水平和职业素养。

5. 建设布局

（1）质量检测点建设区域：14类特色农产品主要生产基地。

（2）农产品质量检测可追溯体系建设区域：全区7地市。

（3）检测技术人员队伍建设区域：全区7地市。

6.6 特色农牧业新型经营体系

当前西藏自治区特色农牧业发展已进入新阶段，必须以新的视角来审视西藏农牧业经营体系，分析新问题、采取新措施，以农牧民持续稳定增收为核心，以集约化、专业化、组织化、社会化原则为指导，培训新型农牧民、凸显农牧民经营主体地位，发展和壮大龙头企业、农民专业合作组织、种养大户、家庭牧场，建设和完善具有西藏特色的农牧业经营体系。

1. 发展现状

截止2013年，全区登记注册农牧民专业合作社达1850户，农牧民入社率达到17%。扶持国家级、自治区级产业化经营龙头企业8家和16家，地市级产业化经营龙头企业77家。以农牧民为主体的专业大户、家庭农场也不断涌现，为新时期高原特色农牧业产业化经营快速发展打下了较好的组织基础。

2. 存在的主要问题

农牧民总体生产技能偏低、经营意识缺乏，农牧民受培训率仅为40%，未能充分发挥经营主体作用。龙头企业中存在开工不足、带动能力不够、后续发展力量堪忧的问题。农民专业合作社不规范，产业化作用未能很好发挥，部分合作社处于“仅注册、无实用”的状态。专业大户及家庭农场发展尚处于雏形期，急需加大鼓励和扶持，使其成为农牧民发挥经营主体地位的重要载体。

3. 建设目标

到2020年，建成自治区级农民示范合作社100个、自治区级龙头企业30个、地区级龙头企业100个；以全面提高农牧民素质、培养“职业化、技能化、经营化”新型农牧民为目标，使农牧民培训率达到70%。

4. 建设重点

（1）建立新型农牧民培训体系

在自治区政府的统一指导和扶持下，建设发展以公共教育资源和企业社会团体为主导的两大农牧民培训体系路线：

公共教育资源主导：政府设立农牧民教育基金，对农牧民进行免费职业技能培训。在自治区符合办学条件的专业院校设立农牧民职教部门，开设培训班，由各地区推荐、选拔有一定文化和技能基础、进修学习意愿强烈的农牧民进入学习，形成以政府公共教育资源投入为主导，以提高农牧民的劳动技能和科技素养、职业素质以及法律意识等为重点的农牧民综合素质教育培训路线。

企业社会团体主导：鼓励龙头企业、农民专业合作社和社会教育团体开展农牧民教育培训事业；充分利用市场机制，大力培育中介服务机构，为农民提供教育培训和服务，形成以民间教育资源投入为主导，依据不同区域的产业结构及本地劳动力的主要流向，以专业农牧知识和技能培训为重点的农牧民职业技能培训路线。

通过以上两种培训路线的建设，聚集优势资源，形成以农业广播电视学校、农业职业技术院校、农业科研院所、农技推广服务机构和其他社会力量为主体，以农业园区、企业和农民专合组织为基地，满足新型职业农民多层次、多形式、广覆盖、经常性、制度化教育培训需求的新型职业农民教育培训体系。

（2）完善龙头企业认定与考评机制

完善各级农牧业产业化经营龙头企业的认定标准及程序，明确设立自治区级、地市级、县级龙头企业产值、技术、利税、带动效果等标准，对各级龙头企业实施年度考评，以市场为导向，适度淘汰运行不良企业，重点扶持前景好、规模大、辐射带动能力强的农牧企业。

（3）多样化创建、规范化发展，壮大农民专业合作社

打破城乡、地域、行业和所有制界限，推动多层次、多领域的联合与合作，立足各地特色优势产业，培育一批有经营活力、带动能力强的农民专业合作社。

集中力量抓好典型，广泛开展农民专业合作示范社创建，对

带动农民发展、带动农民增收作用大、影响广的优秀合作社及带头人大张旗鼓地进行宣传和奖励。指导合作社建立健全规范的内部管理制度、财务制度、利益分配制度、受灾保障制度，采取以奖代补、财政补助、项目支持、简化工商登记等措施与促进合作社规范化建设结合起来。

（4）扶持创建专业大户和家庭农场

按照“生产有规模、产品有标牌、经营有场地、设施有配套、管理有制度”的要求，探索不同生产领域专业大户、家庭农场的认定标准，完善自治区家庭农场注册登记制度。加大扶持力度，对认定的专业大户和家庭农场，新增农业补贴重点向其倾斜，对达到一定规模的予以奖励。鼓励和支持土地向专业大户、家庭农场流转，加强对专业大户、家庭农场的科技服务，提高其经营管理水平和市场竞争力。

专栏33　农牧业新型经营体系重点工程

新型农民科技培训工程：依托农业广播电视学校、农业职业技术院校、农业科研院所、农技推广服务机构等教育体系，以县、乡产业基地为重点，分类建设一批农民科技培训基地。

重点龙头企业和示范合作社创建工程：对获得自治区级认证的龙头企业进行8万元/家的奖励；对获得地区级认证的龙头企业进行4万元/家的奖励；对当年考核经营优秀、带动力度大的龙头企业进行3万元/家的奖励。对获得自治区级认证的示范合作社进行5万元/家的奖励；对当年考核经营突出、社员增收明显的合作社进行2万元/家的奖励。

种养大户和家庭农场扶持工程：对评选的各地市优秀、示范种养大户和家庭农场进行2万元/家的奖励。

6.7 特色农牧业品牌体系

1. 发展现状

近年来，在西藏特色农牧业发展过程中，自治区坚持以特色提高知名度，以知名度打造品牌，以品牌拓展市场，培育出了一批具有一定影响的名优产品。至2013年，全区创建驰名商标7个，认定无公害农产品生产基地22家、无公害农产品105个，通过有机产品认证21个、绿色食品认证35个、地理标志认证8个，品牌产品不但在区内市场占有相当的份额，部分品牌产品已经进入国内甚至打入国际市场。

2. 存在的主要问题

一是品牌效益还不明显，难以形成具有国内、国际效应的大品牌。二是特色农产品生产和加工企业规模小、技术实力弱、市场影响力不强，制约了品牌的创建。三是品牌创建重视程度不够，存在着重硬件建设、轻软实力培养的观念。

3. 建设目标

大力实施特色农牧产业品牌战略，打造西藏名片，提升品牌价值，增加产品附加值，增强企业竞争力。到2020年，著名品牌达到26个，认定地理标志农产品15个、无公害农产品基地60个，通过“三品”认证农产品200个，有机食品认证30个。

4. 建设重点

（1）创建地域品牌

“雪域高原”目前已经成为全国公认的西藏代名词，雪域高原特色农产品已经成为全球公认的净土健康产品，拉萨市近年来提出全力打造“拉萨净土”品牌已初见成效。积极围绕西藏自治区拥有丰富的高原特色农产品资源创建具有西藏特点的“雪域高原”地域品牌，充分发挥西藏高原特色农产品“净土健康”资源优势，推动“雪域高原”的原产地品牌创建战略，藉此树立强有力的西藏高原特色农产品地域品牌形象，并以地域品牌为基础来提升西藏本土品牌产品和服务的附加价值。通过“雪域高原”地域品牌在国内国际市场上区别西藏特色农产品，提升西藏特色农产品的独特价值观和个性，提高西藏特色农产品品牌产品的形象，打造世界影响力的农产品品牌，并以此引领西藏高原特色农产品基地品牌、企业品牌、产品品牌、旅游品牌的创建。

（2）创建基地品牌

集中人力财力，集中政策优势，集中金融扶持，围绕种养殖基地、加工生产园、商贸物流园，以企业满意、投资者满意为标准，简化审批程序，减免费用征收，提高办事效率，提升服务态度，把基地建设成为优质的、高效的、便利的农牧业产业化经营服务核心示范区，把基地建设成为健康的、可持续的高原特色农产品基地。

以基地为中心，引进现代农牧业新技术、新业态、新模式，进行集成示范，营造典型环境，发挥模范效应，形成产业聚集明显、产业支撑坚实、产业运转高效的协同发展新体系，形成以产业集成、科技进步、金融扶持、服务高效为主要驱动力的基地发展模式，使基地成为现代农牧业优质服务示范区，逐步创建出国内知名、世界闻名的高原特色农产品基地品牌。

（3）创建产品品牌

对于已经成为中国著名商标的“甘露”、“诺迪康”、“奇正”、“藏缘”、“藏绒王”、“金哈达”等品牌，要通过荣誉表彰、事件营销、媒体宣传等方式，继续扩大知名度和美誉度，坚持走

“绿色、精品、高端”的农牧产品路线，进一步拓宽国内外销售市场，挖掘品牌高附加价值，逐步创建出世界闻名的西藏特色农产品品牌。

对于已经在西藏著名的“藏缘”青稞酒、“圣鹿”食用油、“奇圣”牦牛肉、“高原之宝”牦牛奶、“帮锦镁朵”藏毯等品牌，要通过政府推荐、活动赞助、区外联合等措施，帮助品牌走出西藏，做大做强，逐步创建出国内有名的西藏特色农产品品牌。

对于还不具名气的但有一定潜质的特色农产品，要细心挖掘，精心培育。要在政策上予以配合，给予一定的补贴和奖励，积极指导申请地理标志、绿色有机检测认证标志，加大商标注册帮扶力度和品牌推广力度，依托西藏资源优势和特色产业，逐步创建出西藏的特色农产品著名品牌。

（4）创建企业品牌

引导龙头企业树立品牌意识，注重品牌形象维护和品牌拓展，以市场需求为导向，研究战略措施，通过标准化生产、市场化营销、产业化经营、资本化运作，尽快培育一批在区内外享有盛誉、市场优势明显、增值效益巨大、带动群众增收作用突出的知名企业。积极鼓励大型农牧产业企业通过兼并收购、上市融资，扩大企业规模，成为全国农业产业化龙头企业、国内五百强企业，逐步创建出全国知名的企业品牌。

（5）创建旅游品牌

西藏是具有世界特色的旅游目的地。西藏的旅游产业发展和西藏特色农牧产业发展具有高度相关性，旅游产业做得越好，特色农牧产业发展得越快；特色农牧产业做得越好，旅游产业后劲越足。西藏高原特色农产品基地的发展，要融入到西藏美食、土特产品、礼品、旅游纪念品中来，与西藏旅游线路结合起来，助力旅游产业发展，助力旅游品牌建设，逐步创建出西藏特色农牧业的旅游品牌。

品牌创建工程见特色农产品加工基地中的相关建设内容。

第七章

生态环境保护与节能减排

Shengtai Huanjing Baohu Yu Jieneng Jianpai

7.1　生态环境主要特征

7.1.1　生态环境的脆弱性和敏感性

西藏海拔4000米以上的面积约占全区国土面积的92%，是世界上少有的大陆高海拔高寒环境，生态环境具有脆弱性和敏感性特征，对外力作用的响应十分敏感。高原高寒环境下形成的植被生态系统结构简单、生长期短、自身调节能力弱，在外界环境发生变化时，植被的生长就受到影响，表现为生物量降低和病虫害增加等。生态脆弱性还表现在陡坡植被破坏后，坡面土壤侵蚀速率大于成土速率，土层易于丧失，一旦土壤层丧失殆尽，生态系统将很难恢复重建。

7.1.2　寒冻作用的普遍性和冰雪作用的强烈性

西藏高原被称为具有寒冷气候特点的“地球第三级”，藏北高原一年中仅有2～3个月气温在0℃以上，具有寒冻作用普遍性和冰雪作用强烈性特点。永久冻土和冰川面积分别占我国永久冻土和冰川面积的52%和48%，是我国冰川和永久冻土的主要分布区，目前冻融侵蚀面积达66.43万公顷，占全区国土面积的55.3%。

7.1.3 生态系统类型的多样性与服务功能的重要性

西藏生态类型多样，其中高寒草甸、草原生态系统类型面积最大。拥有除海洋生态系统外的所有陆地生态系统类型，许多类型为西藏所特有。生态系统水源涵养、生物多样性保护、土地沙漠化控制、土壤保持等功能，对区域和周边地区及我国东部生态安全起着重要的屏障作用。

7.2 存在的主要问题

7.2.1 生态环境功能退化

受自然地理条件影响，西藏草地退化、土地沙化、水土流失现象严重，自然灾害较为突出，生态体系脆弱，生态功能退化。

1. 草场退化

西藏草地约占全区土地面积的68.4%，是西藏生态安全的重要屏障。目前全区退化草地面积达4000万公顷，占天然草地面积的48.75%，其中，轻度退化草地面积1804.6万公顷，占退化面积的45.11%；中度和重度退化草地面积2195.4万公顷，占退化面积的54.89%。草地退化区域主要分布在藏北高原和藏西山地生态安全屏障区，由于处于青藏高原冷高压干冷西北气流控制下，气候环境具有降水少、低温持续时间长、太阳辐射强烈和多大风的特点，此外，冻融作用强烈，大风沙尘天气多，对外力作用的响应十分敏感。草地退化导致草地指标群落结构破坏和生物多样性减少，从而引起草地生态系统服务功能减弱的问题日趋突出，生态安全屏障作用面临严峻挑战。

2. 土地沙化

根据2005年6月17日国家林业局发布的《中国荒漠化和沙化状况公报》，西藏荒漠化面积4335万公顷，占全区面积的36.13%；沙化面积2168.43万公顷，占全区面积的18.10%。两者仅次于新疆、内蒙，居全国各省区第三位。受干冷高原西风环流控制，藏北高原和藏西山地生态安全屏障区的土地沙化问题十分突出，是重要的沙源地，大风扬沙与沙尘对周边地区乃至我国东部地区产生严重影响。在藏南及喜马拉雅中段生态安全屏障区的雅鲁藏布江中游宽谷和中喜马拉雅山脉北侧山原宽谷盆地，土地沙化也对当地的农牧业和经济社会发展带来影响。

3. 水土流失

根据水利部第二次土壤侵蚀遥感调查，西藏土壤侵蚀面积达102.52万平方公里，占全区幅员面积的85.27%。其中：轻度侵蚀面积40.12万平方公里，中度侵蚀面积23.95万平方公里，强度侵蚀面积38.45万平方公里，中度以上的侵蚀面积占土壤侵蚀面积的60.87%。年侵蚀总量达到44.72亿吨，侵蚀模数为4360t/km^2·a。土壤侵蚀状况见下表：

表7-1　西藏水土流失情况

项目 土壤侵蚀	面积 （万平方公里）	占侵蚀面积比例 （%）	占全区面积比例 （%）
轻度侵蚀	40.12	39.13	33.37
中度侵蚀	23.95	23.36	19.92
强度侵蚀	38.45	37.51	31.98
土壤侵蚀总量	102.52	100	85.27

4. 自然灾害

西藏自然灾害类型多、分布广，是我国自然灾害类型最多的省区之一。主要灾害类型有气象灾害、地质灾害和生物灾害。这些灾害发生多与西藏特殊的自然条件有关，但是人类活动对自然环境的破坏和经济建设布局不合理而带来灾害发生频率加大和灾害损失加重等问题也日益突出，特别表现在以崩塌、滑坡和泥石流为主的地质灾害，以旱灾、沙尘、洪水为主的气象灾害以及以鼠、虫、毒草害为主的生物灾害等，并造成严重的危害和损失。

7.2.2 超载过牧造成草原退化

西藏草地超载过牧，特别是冬春草场超载问题突出。随着农牧区人口不断增加，造成牲畜饲养量不断增长，目前西藏年理论载畜量为3385.31万个绵阳单位，而2011年西藏实际载畜量为4909万个绵阳单位，虽然近年来增加了不少人工草场，但超载过牧问题仍然存在，是造成草原退化的主要因素之一。

7.2.3 农业面源污染

1. 农药、化肥污染

由于传统习惯，西藏农药、化肥的施用水平较低。农药平均施用量4kg/hm^2，低于我国农药施用水平（平均用量14kg/hm^2）；化肥平均施用量214kg/hm^2，低于国家环保部关于生态省标准250kg/hm^{2}的要求。但近年来，随着农业的发展，局部区域出现化肥滥施滥用现象，造成一定的环境污染。

2. 畜禽粪便污染

畜禽养殖是西藏传统的支柱产业，饲养量大，但规模化养殖程度较低，绝大多数为散养户。除个别规模养殖场有沼气池、化粪池设施外，其余养殖场和散养户养殖粪污均直接排放，露天堆积，给环境造成极大隐患。

7.2.4　农牧区仍大量使用薪柴、畜粪等生物质能

西藏能源供需存在结构性、时段性、区域性矛盾。能源消费结构以电力和石油制品为主，电力、成品油及石油液化气等优质能源消费占能源消费总量的22.4%、25.6%、2.9%，生物质能消费占能源消费总量的28.6%。长期以来，西藏石油、液化气和煤炭等化石能源主要靠区外调入，与全国平均水平相比，商品能源供应严重不足。城镇生产、生活用能主要依靠电力和液化石油气，管道天然气尚属空白。农牧区仍大量使用薪柴、畜粪等生物质能，约占能源消费总量的42%，能源利用十分落后，许多牧区畜粪大量燃用，造成草场肥力不足甚至出现退化。农牧区传统能源替代任务艰巨，加快传统能源替代，已经成为保护西藏生态、保护我国西南生态屏障的迫切任务。

7.3　保护与节能减排措施

7.3.1　生态环境保护措施

1. 加强草地资源保护与建设

西藏是我国重要的牧区，长期以来由于广大农牧民传统的放牧方式，对天然草地资源缺乏有效的保护和科学的管理，片面追求牲畜存栏数，超载过牧现象普遍存在，与此同时，随着经济社会发展进程的加快，人口、资源和环境的矛盾日趋突出，草地退化和沙化加重，草地生态环境脆弱。因此，合理利用和保护天然草地资源，实现草地畜牧业可持续发展，发挥草地在涵养水源、防止水土流失和土地荒漠化、减轻洪涝灾害的重要生态功能，草

场生态恢复建设迫在眉睫。

草场资源保护与建设，应从加强西藏生态安全屏障保护，实现畜牧业可持续发展出发，把草地生态环境建设与产业结构调整、畜牧业产业化、区域经济发展结合起来，以草地生态恢复与建设为主，发展节粮型牲畜，配套畜牧科技示范园区建设项目，推广牛、羊半圈养，改变原始放牧养畜的落后生产方式。重点抓好退化草地的综合治理，包括退牧还草，修建草地围栏、改良天然草地、草种繁育、建设优质饲草基地等。

（1）转变畜牧业生产经营方式

转变畜牧业生产经营方式，变单纯依靠天然草场、数量增长型畜牧业为舍饲、半舍饲相结合的生态效益型畜牧业。根据“草畜平衡”原则，控制载畜量，推行轮牧、季节性休牧措施；在退化草地严重的生态脆弱地区禁止放牧，实行退牧还草。

（2）加快草地植被恢复与重建工作

在草场保护中坚持因地制宜的原则，宜林则林，宜草则草，禁止滥挖、滥采破坏灌丛、草原的行为，对草山草坡进行有计划地开发利用。在藏北和藏西北主要实施以天然草地保护为主的保护工程，加强退牧还草，建立草场保护区，实行强制性保护，其中Ⅰ3 亚区适当开展人工草地建设；在藏东和藏东南水源区重点实施天然草地保护工程，半农半牧区要实施退耕还草，调整种植结构，进行人工草地建设；在藏南地区，高山区和山原地带重点实施以天然草地保护为主的保护工程，在低山、河谷平坝地区，结合防沙治沙和水土流失治理，重点实施人工饲草地建设工程。

（3）切实做好草场“三害”防治工作

加大草地鼠害、虫害、毒草害治理力度，加强对鼠害、虫害、毒草害的预测预报工作，准确掌握草场鼠虫情发生发展动态，及早部署防治工作，认真落实草场鼠虫防治工作责任。用人工、生物、化学等多种方式清除有毒植物如棘豆、黄芪类毒草，并补播牧草，促进草地的恢复。

在规划期，完成退牧还草工程200万公顷，治理鼠虫毒草害草地110万公顷。

2. 水土流失综合治理

西藏水土流失的重点区域主要分布在雅鲁藏布江中游、藏东南和藏东“三江”流域。雅鲁藏布江中游地区，土壤水力侵蚀面积达506.71万公顷，占该区域面积的52.9%，中度以上侵蚀面积达305.44万公顷，占该区域面积的31.9%；在昌都地区，轻度以上侵蚀面积占该区域面积的44.44%，中度以上侵蚀面积占该区域面积的21.29%。

因此水土保护工作应充分结合流域综合整治作开展，制定并实施水土保持区划方案，明确治理目标，健全监督管理体系，落实各项工程治理措施，全面开展流域综合治理工作。以小流域为单元，因地制宜，因害设防，确定治山治水为重点，分期分批进行流域整治。

在小流域治理过程中，采用生物措施、工程措施相结合的方式实施山、水、田、林（草）、路综合治理，从天然林草保护、生态修复、水土保持、河道疏浚、防洪堤建设、灌溉工程、土地整治、林草地建设等诸方面统筹考虑。合理安排农林牧渔各业用地、互相协调、促进，形成综合的防治措施体系。小流域治理达到水利部规定标准，即治理程度达到70%以上，林草面积达到宜林宜草面积的80%以上。

水土流失防治措施以农业环保工程措施为主，结合土地整治和水利设施建设进行综合治理，通过完善田间排灌渠系，实施土地平整，修筑地埂，降低地面坡度，将“跑水、跑肥、跑土”的“三跑土”变成“保水、保肥、保土”的“三保土”，有效遏制水土流失，改善项目区的生态环境。

到2020年，减少水土流失面积10252平方公里，减少侵蚀总量4469.87万吨。

3. 农牧业面源污染治理

农牧业的污染属面污染，分布广，难于控制和治理。以建设现代特色农业基地为依托，以发展“三品”农业为方向，以建设舍养、半舍养规模化畜禽养殖为重点，以新农村建设为载体，控制农村、农牧业面源污染。

（1）化肥的污染防治

全面推行测土配方施肥措施，改进施用肥料结构，避免盲目施肥，减少化肥使用量；采取节水农业措施，减少水肥流失；有机肥、无机肥配合使用，多施有机肥，保持土壤肥力；提倡秸秆还田，推广秸秆还田新技术。

（2）农药的污染防治

加强农业病虫害预报和技术指导，有针对性、科学合理地用药；提倡病虫害综合防治，使用物理、生物等多种方式灭杀害虫；改进用药结构，以高效、低毒、低残留生物农药为主，禁止使用毒性大、残留久的农药。

（3）畜禽粪便污染防治

鼓励发展舍养、半舍养方式，扶持规模化养殖场和养殖小区建设。规模化养殖场应建立粪便、污水处理设施，养殖小区应建立粪便处理场，便于粪便集中处理、综合利用。散养户结合农村沼气池建设工程，以户用沼气池对粪便进行处理。

到2020年，规模化种植园区全面实施测土配方施肥，实行清洁生产，完成对规模化养殖场和养殖小区粪污无害化处理设施的全面改造。主要农产品中有机、绿色及无公害产品种植（养殖）面积的比重达到80%。

4. 完善农业安全生产和绿色认证体系

建立农业标准化生产体系。整合现有资源，建立完善生态农业监测网络，开展农业投入品对农业环境和农产品产前、产中和产后影响的全过程监测；完善农业生态环境监测、评价及预警体系；强化农产品基地生态环境监测及产品安全管理，创建各类特色的绿色产品生态示范基地及品牌。

开展有机、绿色和无公害农产品认证。鼓励农民、专合组织和企业在农产品种养和加工过程中采用清洁生产技术，开展农业废弃物综合利用，实施对种植、养殖——生产——销售全过程控制，达到相应的标准，并通过认证；推进养殖业废弃物综合利用和污染防治工程，着重解决动植物病虫、大宗农产品的农药残留、重金属污染和养殖业自身污染等环境问题。研究制定农药、化肥安全使用技术规范和专项实施方案。建立生物保护监测网络，开展动植物有害生物疫情调查，建成病害动物无害化处理设施，进行外来生物风险分析，防止外来有害生物入侵，保护农业生态平衡。

7.3.2　节能减排措施

1. 优化农牧区用能结构，加快传统能源替代步伐

西藏能源结构中，以水能为主的可再生能源资源丰富，是我国重要的战略资源储备基地。全区水能资源技术可开发量1.4亿千瓦，居全国首位；太阳能资源是世界上最丰富地区之一，太阳能辐射总量折合标煤约4500亿吨/年，居全国首位；风能资源储

量约930亿千瓦时/年，折合标煤约3365万吨/年，居全国第七位；地热能资源丰富，总储量约66万千卡/秒，折合标煤为300万吨/年。

中央第五次西藏工作座谈会提出，坚持开发当地能源资源和输入优质能源并举，以水电为主，油气和新能源互补，形成稳定、清洁、安全、经济、可持续发展的综合能源体系。

实施农牧区传统能源替代工程，大力推广被动式太阳房、阳光温室、太阳灶、太阳能热水器和以电代薪。支持农村集中沼气和户用沼气建设，有条件的农村加快发展集中沼气，优化发展户用沼气。在羊八井北部、阿里郎久、那曲谷露热田等地热资源丰富的地区开展地热在工业、种养业、旅游业等产业的热利用，拓宽地热利用领域。提高液化石油气等商品能源供应能力和供应面。薪柴、畜粪等传统生物质源消费基本得到替代，生产生活环境得到保护与改善，生活用能消费商品能源供应品种多元化，推进农牧民生产生活迈向电气化。

2. 节约与有效利用能源

发展循环经济。提高资源利用效率，减少污染排放，形成有利于保护和改善环境的发展模式和生产生活方式，推进资源节约型、环境友好型社会建设。

有效利用资源。大力推广使用新能源、可再生能源，继续实施“金太阳”工程，推广适宜高原环境的光热、光电、风能、地热和太阳能采暖等新产品和新技术，积极推广建筑节能和节能照明产品。落实清洁生产示范项目，综合利用作物秸秆和畜禽粪便，加大沼气等生物质能开发，继续落实“一池三改一棚”沼气配套建设。

加强重点领域节能。严格控制高耗能产业发展，鼓励推广应用节能环保的新工艺、新技术、新设备、新材料。

到2020年，推广太阳灶80万台，被动式太阳房、阳光温室、太阳能热水器200万平方米，太阳能光电户用系统20万套；户用沼气40万户、大中型沼气池40座。农牧区传统能源替代建设取得显著成效，农产品生产企业清洁生产达标通过验收的比例达到95以上%。

第八章

社会稳定风险分析及评估

Shehui Wending Fengxian Fenxi Ji Pinggu

8.1 主要风险识别

风险识别是风险分析的基础工作，同时也是风险估计、风险等级判断和制定风险防范、化解措施的基础。

1. 本规划的科学性、合理性遭质疑的风险

风险内容：该规划的科学性与合理性是否符合西藏自治区当地实际；规划是否进行了严谨科学的前期调研工作；各产业规划是否具体，详实，配套措施是否完善，与当地具体情况相适宜。

风险评价：规划符合当地实际，不合理性风险很小。

本规划在编制过程中，进行了大量的前期调研工作，调研人员深入到西藏七区各县乡，收集了大量的基础数据，进行了科学严谨的统计分析，结合各地区实际情况，最终确定了13类特色农牧产品种植养殖基地、加工基地和市场物流基地的规划内容，完全符合当地实际。

2. 本规划项目实施过程中是否会给当地生态造成破坏的风险

风险内容：西藏自治区生态环境极为脆弱，该规划的项目库建设内容是否会破坏当地生态环境，造成环境污染等。

风险评价：对生态环境影响较小；部分产业甚至还能改善保护当地脆弱的生态。

该规划内容中确定的13类基地建设项目和项目库大多依托当地特殊的高原自然生态，在规划中，明确提出了各项产业发

展，都要以生态保护为前题，做到生态效益，社会效益，经济效益三者有机统一，因此规划内容对当地生态环境影响较小。

3. 本规划项目实施过程中，是否会受到部分藏民的抵制和不法分子的利用

风险内容：西藏自治区是一个以藏民为主的少数民族地区，由于教育，文化，宗教信仰的不同，有些产业发展是否会遭到信教人员的抵制；同时，西藏又处于祖国的边疆地区，政治军事地位极为重要，规划实施过程中，是否会受到一些不法份子利用来煽动当地老百姓，造成社会动荡。

风险评价：群众抵制和反对的风险很小。

该规划在进行调研过程中，充分听取了当地群众的心声，他们对此次规划的产业都是积极支持的，热情也都相当的高；本规划立足于西藏发展，通过这些项目的实施能够促进当地农牧民增收，带动老百姓致富，能够起到固边安民的作用。

8.2 风险评估

8.2.1 评估方法

为便于度量该规划实施过程中风险的大小，有必要对各类风险的可能性大小进行量化，然后得到规划的综合风险大小。

首先根据专家经验和民意调研结果将可能的社会风险划分为4类风险；然后确定每类风险因素的权重，取值范围为［0，1］，取值越大表示某类风险在所有风险中的重要性越大；其次确定风险可能性大小的等级值，本次评价将风险划分为5个等级（很小、较小、中等、较大、很大），等级值按风险可能性由小至大

分别取值为0.2，0.4，0.6，0.8，1.0；最后将每类风险因素的权重与等级值相乘，求出该类风险因素的得分，把各类风险的得分加总求和即得到综合风险的分值。综合风险的分值越高，说明规划的风险越大。当综合风险分值为0.2～0.4时，表示该项目为低风险，多数群众理解支持，但少部分人对项目有意见，通过有效工作可防范和化解矛盾；分值为0.41～0.7时，表示该项目为中风险，部分群众对项目有意见，反应强烈，可能引发矛盾冲突；分值为0.71～1.0时，表示该项目为高风险，大部分群众对项目有意见，反应特别强烈，可能引发大规模群体性事件。

8.2.2　风险评估

本规划综合风险值见下表。

表8－1　规划风险综合评价

风险类别	风险权重	风险发生的可能性	风险	综合风险
规划科学性、合理性遭质疑的风险	0.3	0.2	0.06	0.28
规划可能造成环境破坏的风险	0.4	0.4	0.16	
群众对规划的抵制风险	0.3	0.2	0.06	

从上表可看出，本规划可能引发的不利于社会稳定的综合风险值为0.28，风险程度低，意味着规划实施过程中出现群体性事件的可能性不大。

8.3　风险防范和化解措施

本次规划涉及的内容不利于社会稳定的风险程度低，但并不意味着该规划的项目在实施过程中就会一帆风顺，仍要注意加强对可能出现的个别矛盾进行防范，并随时戒备和注意进展中可能出现的风险发生。根据对规划可能诱发的风险及其评价，建议采取下述风险防范措施。

一是坚持从实际出发，不能搞“一刀切”，不能搞形象工程，要对规划中涉及到的基地建设内容进行严谨的科学论证，保证规划内容可操作性强，利于实施。

二是规划的建设内容一定要以保证生态安全为前提，不能破坏高原自然生态环境，对一些水利设施的修建，荒地复垦等项目要进行充分的环境影响评价论证，才能进行实施。

三是加大宣传力度，调动公众参与积极性。在规划内容进行实施之前，一定要对当地老百姓进行前期教育宣传，特别是对一些具有宗教信仰的群众，要尊重他们的信教权力，要多与他们沟通，争取他们的积极配合。

四是动员当地老百姓参加基地建设现场的施工作业，提供更多的岗位给当地老百姓，改善当地农牧民的收入条件；各项产业政策的实施，也要以增加当地老百姓致富为目标，切实让他们感受到农牧业发展的好处。

五是加强对国家财政资金使用的监管，防止因资金使用、资产运作不当而影响群众切身利益，进而发生“次生”社会不稳定现象。

8.4 评价结论

通过对西藏高原特色农产品基地建设规划实施过程中可能发生的社会稳定风险进行了识别与评价，结论如下：

西藏高原特色农产品基地建设规划实施过程中可能会引发三类不利于社会稳定的风险，这三类风险发生的可能性大小评价结果是：第 1 类风险，规划科学性、合理性遭质疑的风险，该类风险发生的可能性很小；第 2 类风险，规划可能造成生态环境破坏的风险，该类风险发生的可能性较小；第 3 类风险，群众抵制反对的风险，该类风险发生的可能性很小。

综合评价，本规划可能引发的不利于社会稳定的风险程度低，规划实施过程中出现群体性事件的可能性不大，但有发生个别矛盾冲突的可能。目前已经采取了系列风险防范措施，在一定程度上会起到降低以致消除社会风险的效果。但其效果的好坏，取决于这些防范措施执行力度大小的影响。

第九章

投资估算与资金筹措

Touzi Gusuan Yu Zijin Choucuo

9.1　投资估算

西藏高原特色农产品基地建设规划总投资 211.53 亿元，其中：争取中央投资 139.53 亿元、地方投资 24.86 亿元、业主自筹 57.14 亿元。

9.1.1　各类别投资构成

1. 特色农产品种养基地重点工程

特色农产品种养基地重点工程投资 88.12 亿元，占总投资的 39.78%。

其中：青稞基地投资 22750 万元、蔬菜基地投资 345500 万元、高原马铃薯基地投资 5000 万元、牦牛基地投资 39200 万元、藏绵羊基地投资 67284 万元、奶牛基地投资 45985 万元、绒山羊基地投资 18500 万元、藏猪基地投资 160000 万元、藏鸡基地投资 92000 万元、藏药材基地投资 42000 万元、林下资源基地投资 18000 万元、林果基地投资 16000 万元、茶业基地投资 6000 万元、冷水鱼基地投资 3000 万元。

2. 特色农产品加工基地重点工程

特色农产品加工基地建设重点工程投资 28.55 亿元，占总投资的 12.89%。

其中：园区建设投资 65000 万元，青稞加工投资 55300 万元、肉类加工投资 46300 万元、乳制品加工投资 31000 万元、皮毛绒加工投资 11500 万元、藏药材加工投资 40300 万元、林下资源加工投资 7200 万元、蔬菜加工投资 7600 万元、马铃薯加工投资 8100 万元、林果加工投资 11000 万元、茶业加工投资 2200 万元。

3. 特色农产品商贸物流基地建设重点工程

特色农产品商贸物流基地建设重点工程投资 22.32 亿元，占总投资的 10.08%。

其中农产品物流基地投资 176500 万元，农产品商贸体系建设投资 46734 万元。

4. 支撑体系建设重点工程

支撑体系建设重点工程投资 82.53 亿元，占总投资的 37.26%。

其中：高标准农田项目投资 410000 万元、饲草料基地项目投资 318800 万元、特色农牧业科技服务和推广体系建设项目投资 16500 万元、农牧业科技人才专项基金投资 60000 万元、特色农牧业产品质量安全体系建设项目投资 10900 万元、特色农牧业新型经营体系建设项目投资 9104 万元。

9.1.2 各地市投资构成

1. 拉萨市重点工程

拉萨市重点工程投资 45.06 亿元，占总投资的 20.34%。

其中：特色农产品种养基地投资 192833 万元、特色农产品加工基地 83295 万元、特色农产品商贸物流基地 45927 万元、支撑体系建设 128562 万元。

2. 日喀则地区重点工程

日喀则地区重点工程投资 54.11 亿元，占总投资的 24.42%。

其中：特色农产品种养基地投资186831万元、特色农产品加工基地54980万元、特色农产品商贸物流基地56140万元、支撑体系建设243105万元。

3. 山南地区重点工程

山南地区重点工程投资31.79亿元，占总投资的14.35%。

其中：特色农产品种养基地投资158289万元、特色农产品加工基地49470万元、特色农产品商贸物流基地19720万元、支撑体系建设90440万元。

4. 林芝地区重点工程

林芝地区重点工程投资34.54亿元，占总投资的15.59%。

其中：特色农产品种养基地投资169484万元、特色农产品加工基地56315万元、特色农产品商贸物流基地43120万元、支撑体系建设76501万元。

5. 昌都地区重点工程

昌都地区重点工程投资35.43亿元，占总投资的15.99%。

其中：特色农产品种养基地投资89647万元、特色农产品加工基地37390万元、特色农产品商贸物流基地44350万元、支撑体系建设182935万元。

6. 那曲地区重点工程

那曲地区重点工程投资11.50亿元，占总投资的5.19%。

其中：特色农产品种养基地投资54530万元、特色农产品加工基地1875万元、特色农产品商贸物流基地5535万元、支撑体系建设53037万元。

7. 阿里地区重点工程

阿里地区重点工程投资9.09亿元，占总投资的4.11%。

其中：特色农产品种养基地投资29605万元、特色农产品加工基地2175万元、特色农产品商贸物流基地8440万元、支撑体系建设50724万元。

重点工程总投资及构成详见附表1～附表9。

9.2 资金来源

9.2.1 资金来源构成

根据国家对西藏的扶持政策和西藏的经济实力，规划中重点工程总投资221.53亿元，资金来源主要采取争取中央及地方财政资金和业主自筹三种方式。争取中央投资139.53亿元（其中向国家申请建立西藏特色农牧业专项3个，包括：（1）藏猪藏鸡基地建设专项资金，每年2亿元，合计12亿元；（2）藏药材及林下资源基地建设专项资金，每年1亿元，合计6亿元；（3）农牧业科技人才专项基金，每年1亿元，合计6亿元；共计24亿元）、地方投资24.86亿元、业主自筹57.14亿元。

特色农产品种养基地重点工程投资88.12亿元，争取中央投资46.91亿元、地方投资5.64亿元、业主自筹35.57亿元。

特色农产品加工基地建设重点工程投资28.55亿元，争取中央投资8.64亿元、地方投资9.22亿元、业主自筹10.69亿元。

特色农产品商贸物流基地建设重点工程投资22.32亿元，争取中央投资8.47亿元、地方投资9.78亿元、业主自筹4.08亿元。

支撑体系建设重点工程投资82.53亿元，争取中央投资75.52亿元、地方投资0.22亿元、业主自筹6.79亿元。

9.2.2 现有渠道资金来源

经与自治区发改委、财政厅、工信厅、商务厅等13个部门衔接，目前自治区农牧厅、工信厅、商务厅、农科院、农行西藏分行提出具体意见，计划安排现有项目投资120.25亿元，其他部门尚未明确项目投资和渠道。

1. 在农产品基地建设中，现有渠道投资84.55亿元。

一是计划申请自治区财政本级扶持农牧业特色产业项目计划每年投资1.5亿元，6年共计9亿元；二是计划申请中央财政支持现代农业发展资金计划每年投资2亿元，6年共计12亿元；三是计划申请解决205万亩高标准农田建设中央预算内投资41亿元；四是计划申请中央预算内投资生态安全屏障和中央财政支持草原生态奖状补助资金中支持人工饲草料基地投资10亿元（其中投资预算内投资6亿元，中央财政资金4亿元）；五是计划申请农牧业支撑体系建设中央预算内投资2.55亿元，其中330个乡镇农牧业综合服务站1.65亿元，30个农产品质量安全检验检测体系建设0.9亿元；六是自治区农科院计划申请农牧业科技创新平台和科技成果转化示范基地投资10亿元。

2. 在农产品加工建设中，现有渠道投资15.2亿元。

一是计划申请自治区财政每年安排农牧业产业化扶持资金0.2亿元，6年共计1.2亿元；二是计划申请“十三五”涉及农牧业产业化项目中央预算内投资12亿元；三是计划申请农牧产业项目补助资金2亿元。

3. 在商务流通建设中，现有渠道投资20.5亿元。

一是计划申请农产品冷链物流体系建设中央预算内投资19亿元；二是计划申请外经贸发展商务部专项资金1.5亿元。

9.3 资金筹措与管理

多渠道多层次筹集资金，逐步构建政府投资为引导、农民和企业投资为主体的多元投入机制，采取多种方式吸引社会资金发展高原特色农牧业，确保规划实施取得明显成效。规划所需资金坚持“三结合、三为主”的原则，即政府和市场相结合，以市场主体投入为主；中央和地方相结合多渠道多层次筹措资金，以中央投入为主；现有投资渠道与新设专项相结合，以现有渠道为主。

9.3.1 中央资金

主要通过协调整合现有资金渠道安排。一是中央预算内固定资产投资，积极争取和充分利用新增千亿斤粮食工程、国家现代农业示范区标准农田建设、生猪标准化规模养殖小区（场）、奶牛标准化规模养殖小区（场）、肉牛肉羊标准化规模养殖小区（场）、种植业种子工程、畜禽良种工程、水产良种工程、农业科技创新能力条件建设、农产品加工技术集成基地、农产品质量安全检验检测体系、动物防疫体系建设、植物保护工程、渔政装备设施建设、天然草原退牧还草、保护性耕作、草原防火、农业生物资源保护工程、农村沼气工程、牧区棚户区改造及配套基础设施建设、农垦公益性设施建设、农村土地承包纠纷仲裁基础设施建设、中央农业推广设施建设、西部退耕还林地区基本口粮田建设、节水灌溉增效示范、大型灌区续建配套和节水改造、农产品批发市场、粮食现代物流、粮油仓储设施、农产品冷链物流体系建设、中西部地区特色产业升级和技术改造、重要农作物良种育繁推一体化示范工程、循环经济、信息平台建设等专项投资，争取中央政府加大对西藏特色农牧业投入力度。二是中央财政资金，积极争取和充分利用国家现有的农业综合开发、现代农业生产发展、农村物流服务体系发展、农业部部门预算项目、林业补贴、农业标准化整体推进示范县（区）建设、园艺作物标准园创建、农田水利建设、小型农田水利设施建设补助、高标准农田建设、农业行业科研专项、重大农业技术推广、农民专业合作组织、中小企业发展、地方特色产业中小企业发展、中小商贸企业发展、外经贸发展专项、科技型中小企业技术创新基金、企业技改贴息和生产补助、财政专项扶贫资金等专项资金，加大中央财政资金对西藏特色农牧业转移力度。三是西部大开发专项资金，积极争取和充分利用国家西部大开发建设资金，如中央向西部地区倾斜的中央财政性建设资金包括中央基本建设投资资金、建设国债资金、中央对地方专项资金补助、中央财政扶贫资金、重点项目前期工作专项补助资金；中央对民族地区给予适度倾斜的一般性转移支付资金；中央筹集的西部开发专项资金；国家对西部地区安排的天然林保护工程、退耕还林还草基建投资、财政专项补助资金等，加大中央政府西部开发建设资金对西藏特色农牧业投入力度。四是中央部门、大型国有企业和各省市对西藏对口支援资金，加强科学谋划，合理引导，积极沟通和协调领导，争取中央国家机关部委、对口支援省市、中央大型企业的援藏投资在项目资金安排上更多地向特色农牧业项目倾斜，同时，积极争取西藏特色农牧业重大项目由对口援建单位承建移交。现有资金渠道要根据西藏特色农牧业发展的新要求，优化投资结构，突出重点，着力解决关键性问题。

积极研究开辟新的支持渠道，在中央预算内投资中安排针对西藏的专项资金，支持西藏特色农牧业重点农产品藏猪藏鸡、藏药材和林下资源生产基地建设，支持西藏农牧业科技人才培养。

9.3.2 地方资金

西藏自治区各级人民政府要进一步加大对特色农牧业发展的扶持力度，切实落实中央和自治区各项强农惠农政策，多渠道筹措资金，建立稳定的投资渠道。一是统筹使用土地出让收入，加大对特色农牧业生产设施建设的支持力度。二是协调现有可用于特色农牧业发展的各方面资金渠道，加大对特色农牧业生产设施建设、良种研发、技术推广、质量安全体系、冷链体系、公益性批发市场、农贸市场、农民专业合作组织、龙头企业等方面的扶持力度。三是结合本地实际情况，新增特色农牧业发展专项资金渠道，并根据发展需要逐年增加资金规模，包括：（1）特色农牧业生产奖励资金，加大对特色农牧业生产种养大户的奖励扶持力度；（2）特色农牧业生产基地建设、标准园区创建和标准化整体推进示范县（区）建设专项资金，逐步扩大覆盖范围，加大对优势区域特色农牧业大县扩能、提质、增效的扶持力度；（3）特色农产品全程质量安全可追溯体系建设资金，加大对质量安全体系建设的支持；（4）对特色农牧业生产与运销专业合作社、龙头企业贷款给予财政贴息；（5）对参加保险的农牧民给予保险费用补助；（6）生产风险调节资金；（7）其他资金。

9.3.3 信贷资金

鼓励银行业金融机构加大对特色农牧业发展的信贷支持力度，改进金融服务。充分利用国家政策性银行贷款、国际金融组织和外国政府优惠贷款、金融信贷向西部地区倾斜政策，扩大特色农牧业生产信贷资金规模，健全农村金融体系，拓宽融资渠道，引导更多的信贷资金投向特色农牧业产业。加大对带动农户多、有竞争力、有市场潜力的龙头企业、农民专业合作社、家庭农场、种养大户的信贷支持力度；积极倡导担保和再担保机构在风险可控的前提下，大力开发支持龙头企业、农民专业合作社、家庭农场、种养大户的贷款担保业务品种。鼓励政策性金融机构在业务规定的范围内，按照风险可控的原则，加大对特色农牧业生产的信贷支持，并对流通体系建设提供中长期信贷支持。增加商业性、合作性金融对特色农牧业的贷款规模，大力发展小额信贷，鼓励发展适合特色农牧业的微型金融服务，提高特色农牧业发展重点环节建设的融资能力。加快新型农村金融服务主体建设，大力鼓励发展农业产业投资基金、农业私募股权投资基金和农业科技创业投资基金、主要服务“三农”的金融租赁公司、县域融资性担保机构或担保基金、村级融资担保基金等新型农村金融服务机构，增强金融支持西藏特色农牧业发展服务合力。

9.3.4 社会资金

农牧民是投入主体，要鼓励和引导农牧民增加资金和劳务投入。同时，进一步优化投资环境，出台配套投资政策，吸引、鼓励、规范境内外企业、经济组织、个人，以及大中小型农产品产销企业、对口帮扶和社会捐助等其他社会资金投资西藏特色农牧业。

9.3.5 资金管理

自治区要建立推进特色农牧业发展的合力机制，进一步加强有关部门信息沟通和工作协商，多渠道多层次筹集资金加大投入力度、加强资金管理，紧紧围绕特色农牧业规划安排，“各炒一盘菜，共办一桌席”，合力推进全区特色农牧业发展。自治区各级政府要加强各渠道资金的统筹和协调整合工作，与规划安排紧密衔接，集中连片、整体推进，提高西藏特色农牧业规范化、专业化、规模化、产业化和集团化水平；严格资金管理，提高资金使用效率和综合效益。

第十章

效益分析

Xiaoyi Fenxi

作为自然环境相对特殊、经济社会发展相对滞后的一个民族地区，西藏高原特色农产品基地建设具有重要意义，将带来巨大的经济效益、社会效益和生态效益。西藏高原特色农产品基地建设，作为中央第五次西藏工作座谈会从全球化、现代化高度确定的西藏发展重要目标之一，在着力解决农牧民就业和增收的同时，将有力地推动西藏自治区经济、社会、生态三大效益的科学、和谐发展，带动西藏产业结构调整，有效地促进西藏特色产业的发展。西藏高原特色农产品基地建设规划的制定和实施不仅紧密联系西藏实际和工作实际，进一步深化对西藏具体区情的认识，准确把握西藏经济社会发展中的深层次问题和充分认清做好西藏工作的历史方位和现实依据的条件下，而且符合西藏发展水平、发展方式、发展条件、发展环境和发展能力的阶段性特征。

10.1　经济效益

通过高原特色农产品基地的建设，将在规划实施中培育一批具有“中国特色、西藏特点”在国内、国际市场有较强竞争力的特色农产品，打造一批具有西藏乃至西部区域特点、在国内、国际市场知名度高的特色农产品品牌，建设一批特色农牧业产业带或产业区，建成一批标准化示范基地和龙头企业，带动一批农牧民致富，推动全区特色农产品向规范化、专业化、规模化、产业化和集团化发展，特色农牧业的整体素质和效益将显著提高，特色农产品的市场竞争力将显著提高。

西藏高原特色农产品基地的建设，将全面促进全区农牧业综合生产能力的提高，使全区农牧民增收渠道得到大力拓展，促进全区农牧业趋向又好又快又稳发展。一是有力地拓展了全区农牧民增收渠道。规划实施后，全区农牧民增收渠道进一步拓宽，收入快速增长，规划期内，全区高原特色农产品基地建设将促进农牧民人均纯收入增幅达15%，特色农牧业将成为全区农牧业经济新的增长点和农牧民新的增收点。据测算，与规划基期年相比，将带动农牧民人均增收10922元。二是有力地推进了全区产业结构调整。规划实施后，随着特色农牧业支撑体系的建设和完善，将大大提高全区高原特色农牧业综合生产能力、加工能力和商贸流通能力，促进粮、菜、肉、奶生产能力稳定增长和质量水平不断提高。规划期末，全区将累计实现增产粮食约3.9万吨以上、蔬菜约33.0万吨、肉类约2.8万吨、奶类约9.5万吨。三是有力地促进了全区优势产业大发展。规划实施后，一系列强农惠农政策得到落实后，全区农牧结合将日益紧密，农区和城郊畜牧业发展将呈强劲势头，草原畜牧业生产方式呈现新的变化。规划期末，全区主要特色农产品产量将稳定持续增长，全区粮食总产量将达到100万吨以上（其中青稞产量70万吨）、肉类总产量将达到32万吨、蔬菜总产量将达到100万吨、奶类总产量将达到42万吨，实现农林牧渔业总产值220亿元；全区特色农产品加工业实现总产值78亿元；全区特色农产品流通能力将达到1.2万吨，实现总产值28亿元。

10.2 社会效益

建设重要的高原特色农产品基地，即是中央对西藏经济社会发展的阶段性特征的科学判断和总体把握，又是西藏自治区解决人民日益增长的物质文化需要同落后的社会生产之间的矛盾，改善农牧民生产生活条件，增加就业，稳步提升农牧业发展水平，实现从传统农牧业向现代农牧业转变的战略选择。

西藏高原特色农产品基地建设，在加快西藏农牧业发展，促进地区经济发展的同时，也会产生巨大的社会效益。一是随着农牧业基地建设和发展，将有效带动农牧民就业，同时需要大量相关专业技术人才和管理人才，将加大藏区人才流动和合理优化配置。二是通过加强宣传力度和品牌效应将带动旅游业的发展，同时使文化产业得到弘扬，甚至是再升华，推动藏文化和旅游大发展。三是通过高原特色农产品基地建立保护生态资源，增强自治区、全国和亚洲水资源的可持续利用能力。四是通过新能源、新技术的应用推广，转变产业发展方式，调整优化产业结构，改善藏区农牧民生活，推进藏区社会的协调发展。

10.3 生态效益

西藏作为中国和亚洲重要生态安全屏障的功能充分发挥，为西藏和国家的可持续发展提供良好的生态基础。西藏高原特色农产品基地的建设，将始终围绕“贯彻节约资源和保护环境的基本国策，正确处理经济发展和资源环境的关系，合理开发和有效利用自然资源，加大环境保护力度，着力实施西藏高原国家生态安全屏障保护和建设工程，切实保护好雪域高原这片碧水蓝天”的目标和要求，通过对西藏高原特色农产品资源的科学规划、有效保护、建设、合理开发，有序推进，在实现西藏有限的高原特色生态资源的高水平、高效率、高收益综合开发利用的基础上，能够有效减少对西藏高原生态资源的过度使用、过量开发。

西藏高原特色农牧业发展将形成一个相对完备的生态系统，使各个功能分区之间建立密切的联系。一是水资源和草场资源将得到有计划地可持续利用和保护，规划实施后，通过项目工程的建设，草场的规模化扩展将起到涵养水源，保持水土，防风固沙的作用，同时水资源又使草原可持续利用增强，进而畜牧业得到可持续发展。二是构建生态屏障体系，通过提高森林覆盖率，增强森林碳汇能力，改善局部小气候，开发林下资源，维系高原生态系统，保护林业资源。三是保护重点区域动植物，维持生物的多样性，提高环境承载能力，实现农业生产与资源和环境承载的平衡。通过水资源、草场资源、森林资源和生物多样性四个方面提高生态效益，对农产品基地的建设起到支撑和保障作用。

总之，通过规划的实施，可有效依托西藏良好的生态环境和丰富的特色农牧业资源，促进特色农牧业经济的发展，推动当地经济社会的可持续发展，直接经济效益显著，为西藏经济社会发展、生态环境保护，以及社会生存环境和生产生活条件的改善提供良好的经济基础，增强了区域和全国的可持续发展能力。规划的实施不仅可直接改善广大农牧民的生产生活条件，使长期分散的游牧生活向相对集中的社区生活转变，而且可促进农牧业产业结构的调整，增加就业机会，加快农牧民富裕劳动力向二、三产业的转移，促进农牧区小城镇发展，加快西藏小康建设步伐，实现经济、社会、生态和文化的全面进步。

第十一章

保障措施

Baozhang Cuoshi

11.1 加强领导

11.1.1 统一认识，高度重视

西藏自治区正处于增长方式转变、经济体制转轨、社会结构转型的关键时期，如何加快推进信息化、工业化、城镇化和农业现代化进程，全面实现农牧民共同富裕，是西藏当前面临的首要任务。自治区各级政府和有关部门，应统一认识：

大力建设西藏高原特色农产品基地，促进西藏农牧民持续增收，提升农村经济，缩小城乡差距，实现城乡互补、协调发展和共同繁荣，是全面贯彻落实中央第五次西藏工作座谈会和十八大、十八届三中全会精神的政治责任，是西藏跨越式发展的时代要求，是西藏长治久安的基本保障，必须将特色农牧产业作为西藏重要的工作来抓，必须将特色农牧产业作为西藏优先工作来抓。

11.1.2 强化组织实施

自治区、地市、县要成立政府分管领导和有关部门负责人组成的特色农牧业产业发展领导小组，制定具体实施方案，明确责任分工，完善协调机制，逐级建立目标责任考核制度，定期组织召开相关部门、企业、合作社、家庭农（牧）场负责人组成的研

讨会，紧紧围绕规划和现实问题，开展规划学习、研讨和宣传，形成合力推动西藏特色农牧产业大发展机制，贯彻规划指导思想，落实规划措施，普及规划理念，实现规划主要目标。

11.1.3 营造良好发展环境

进一步理顺政府和市场的关系，界定政府机构职能，发挥产业联盟、农业企业协会作用，支持各类所有者企业公平快速发展。同时，改进政府工作作风、增强服务意识、提高办事效率、推进依法行政，为西藏特色农牧业发展营造良好的市场环境。

11.2 优惠政策

由于西藏地处高原环境，属于少数民族地区，经济基础薄弱，市场经济条件还不充分，在投资方面历史欠账大，建议自治区积极向国家争取优惠政策，重点在投资、财政税收、金融保险方面加大对西藏的支持力度。

11.2.1 加大中央各项投资政策对西藏特色农牧业的支持力度

加大投资力度。进一步加大中央投资力度，扩大西藏专项投资规模，力争“十三五”时期中央政府投资规模在“十二五”基础上翻一番。

优化投资结构。投资重点向“三农”、生态环境保护、科技教育和其它民生领域倾斜，提高补助标准；对中央预算内投资安排的基本建设和财政补贴项目取消地方配套。

简化审批程序。对国家批准规划内的项目，简化审批程序，加快审批进度。

11.2.2　加大中央各项财税政策对西藏特色农牧业的扶持力度

按照“收入全留、补助递增、专项扶持”财政政策，加大对西藏转移支付力度；对中央政府出台的重大调价措施在西藏形成的涨价影响，提高价格补助水平，建立价格补助机制。

改变税收政策对于发达地区和欠发达地区一视同仁的做法，对西藏采取特殊优惠税收政策，有针对性地降低税率、减免税收，吸引外来投资。

11.2.3　加大中央各项金融政策对西藏特色农牧业的扶持力度

完善地方金融组织体系。支持民间资本依法合规发起设立股份制银行、村镇银行、信托公司、金融租赁公司、基金管理公司等金融机构，将基层金融服务机构纳入公共服务范畴。

加大金融补贴范围和力度。将涉农贷款、小微企业贷款纳入扶贫贷款政策范围；对西藏财险、寿险实行优惠汇率补贴政策；建立农村基本公共金融服务机构及县级保险机构建设补贴政策。

11.3　加大投入

11.3.1　加大自治区扶持力度，实现投资主体多元化

要把西藏建设成为重要的高原特色农产品基地，必须充分发挥政府的引导作用。一是自治区各级财政要建立起稳定的财政长

效投入机制。地方财政每年对农业总投入的增长幅度应高于其财政经常性收入的增长幅度；农业补贴政策的实施要保持稳定性、连贯性，切实促进西藏特色农牧业产业发展；允许财政项目资金直接投向符合条件的合作社和家庭农（牧）场，自治区设立的合作社专项扶持资金按预算级次由各级政府分级管理，适当向县级财政倾斜。二是按照国家和自治区的税收法规，继续对农牧业产业化实行税收优惠，简化税收征管程序，对符合条件的农牧民专业合作经济组织给予纳税资格认定。

在加大政府扶持的同时，通过特殊的税收政策、农业补贴政策和援藏政策，广泛吸引社会投资，形成国家投入、地方配套、农业关联企业等经济实体和农户共同投资的机制，充分发挥政府投入的导向作用、地方配套的引信作用、社会投资的主体作用、信贷投入的补充作用，实现投资主体多元化，为西藏特色农牧业建设夯实经济基础。

11.3.2 加大招商引资力度，吸引外来资金

充分利用国际国内两个市场、两种平台，扩大开放水平，进一步改善投资环境，积极拓宽招商引资渠道，广泛吸纳外来资本。结合特色农牧业建设，建立滚动发展的招商项目库，推出一批具有发展前景的农业投资项目。每年可筛选一批高质量的招商项目，严格按照国际惯例进行包装，作为招商引资的重点，努力吸引国内外企业到西藏投资。除举办重大经贸洽谈会、招商引资会以外，应充分利用现代信息网络技术，把网站建设作为招商引资的重要窗口。

11.3.3　加大中央部门和对口援建省市支持力度

深入研究国家产业发展政策、援藏政策，积极组织项目申报，争取中央部门项目支持，特别是要积极做好国家发改委、财政部、科技部、农业部、商务部、扶贫办等有关部委农业扶持项目、各对口援建省市的援建项目申报组织工作，争取更多的资金投入西藏特色农牧业发展。

积极争取把各省市对口援建项目与西藏高原特色农产品基地建设对接起来，与西藏特色农牧产业发展商贸物流重大项目建设对接起来，与西藏农牧产业龙头企业发展对接起来，与西藏名优农产品特色农产品品牌建设对接起来，共生共荣，利益共享，建立起大型国企、援建项目、上市公司与自治区基地、企业、合作社、农牧户联动发展的紧密利益联接机制，形成在自治区共同发展、稳定发展、长期发展的良性共赢合作格局。

11.3.4　加强金融支农体系建设

要着力改变农业发展银行、农业银行、农村信用社、农村合作银行、农村商业银行等“农字头”金融机构呈现出来的离农倾向，加强金融机构的涉农信贷投人水平和力度，对于重点区域的重点项目给予重点倾斜和支持；并且，针对西藏农牧业小微企业多、生存难的现状，政府应积极引导和协调，建立它们与国有商业银行长期稳定的合作关系，拓宽融资渠道，提高小微企业农业科技成果的产业化发展水平。

11.4 创新机制

11.4.1 创新土地审批管理机制

落实耕地保护和节约用地制度，保障各类建设用地。各类开发区（园区、产业区）建设都须符合城乡规划和土地利用总体规划，按照投资强度和集约节约用地标准严格审核，不符合标准的，不得批准设立。

探索实现耕地占补平衡的多种途径和方式。城乡建设用地增减挂钩试点项目优先安排在开发区所在区域实施，按照规定统筹平衡，建设项目占用耕地的，可在统一监管下，通过补充耕地指标有偿流转等方式，在自治区域范围内实现占补平衡。鼓励和引导各类开发区建设向未利用低丘缓坡发展，对荒坡、荒地实施成块连片开发。探索加工和市场物流用地长期租赁、先租后让、租让结合制度，盘活现有土地资源，促进集约节约用地。

11.4.2 创新农村产权交易机制

坚持农村基本经营制度，放活农民土地承包经营权，健全土地承包经营权流转市场，引导发展适度规模经营。支持建立农村产权流转交易市场，稳步开展农村集体经营性建设用地出让、租赁、入股试点和农民住房财产权抵押、担保、转让试点。对农牧民确权赋能，加快建立城乡统一的建设用地市场和农村综合产权市场。

11.4.3　创新投资融资机制

创新工程建设管理体制机制，努力扩大项目市场化融资渠道，广泛吸引社会资本参与工程建设和管理。支持重大水利工程、生态环境、物流、信息基础设施等项目建设，合理确定中央和地方投资分摊比例。发展村镇银行等新型农村金融服务机构，结合贷款方要求和地方实际情况，积极申请利用国家政策银行贷款、国际组织优惠贷款和国外银团优惠贷款。支持创业投资、私募股权基金、产业基金等金融业态。在遵守相关法律法规并严格控制地方政府债务风险的前提下，探索地方政府发债、社会资本特许经营等多种方式，拓宽城乡建设融资渠道。支持符合条件的企业上市融资，开展以特许经营权、林地、土地使用权抵押贷款、中小企业知识产权质押贷款等试点。

11.4.4　创新利益连接机制

1. 完善企业与农牧民的利益联结机制，将农牧民增收与政府扶持挂钩

西藏特色农牧产业经过十年的发展，已初步建立起以“龙头企业+基地+农牧民”、“龙头企业+合作社+农牧民”为主要形式的产业化经营模式，形成了订单农业为主的利益联结机制。为保证利益联结机制得以最终落实和发挥对企业、农牧民的利益保障作用，各地区主管部门必须加大监管力度，将各区域订单农业的实现率作为年度考核指标，将企业带动农牧民增收指标与政府财政补助挂钩，企业与政府签订承诺书，政府实行年度考核，对未达标的企业取消扶持资格，对达标的企业给予额外奖励。

2. 大力发展股份合作制，推动企业与农牧民建立更加紧密的新型农业产业化经营体制

鼓励企业与农户建立利益共享、风险共担的股份合作方式，形成稳定的利益联结关系。自治区各级政府应充分领会十八届三中全会关于农业的改革精神，加快构建新型农业经营体系，大力发展股份合作制，对农牧民股份合作制企业优先扶持，鼓励农民以土地承包经营权、土地产出物、技术等生产要素作为股份入股企业。

11.4.5 创新投资管理机制

1. 整合各类产业发展扶持资金，集中人力、财力和物力办大事

按照“用途不变、渠道不乱、规模不减、各记其功”的原则，整合发改、财政、水利、农牧、工信、商务、科技、农发、扶贫等部门涉农资金，设立农牧业产业发展专项资金，由自治区和地市分级管理，采用以奖代补、贷款贴息、先建后补等方式，对农牧业产业化经营企业、农牧民专业合作经济组织、农畜产品基地建设给予资金扶持。

2. 建立农牧业产业滚动发展及项目运行长效机制

打破部门条块分割、职能交叉的行政壁垒，各级政府应建立项目投资联席会议制度和协调机制，避免项目实施各自为政，多头投入的问题；做好项目前期论证工作，建立健全项目库；加强项目实施过程中的动态监测、引导和监管工作；建立科学的评价体系，对建成后运行的项目开展项目后评价，进行绩效评估。

11.5　重视人才

11.5.1　创造良好条件，引进优秀人才

贯彻“以人为本”的理念，创造良好社会氛围与政策环境，吸引人才、留住人才，激励人才发挥聪明才智，打破人才在地区、部门、单位以及论资排辈等方面的限制，建立人力资源合理配置的激励竞争机制。

制定引进人才的西藏版“千人计划”，结合自治区经济社会发展和产业结构调整需要，依托产业基地、开发区、科研机构、高校等，推出一批重点创新项目、特色项目，有针对性地在国内外引进一批高层次人才，来西藏创新创业。

大力鼓励和扶持创新技术人才与特色农产品基地、龙头企业、产业园区等直接结对挂钩，鼓励创新人才以知识产权的形式入股发展，鼓励企业对做出突出贡献的科技人员实行股权和期权激励，形成知识、技术、管理等要素参与分配的激励机制，有效地调动创新人才的创新积极性、主动性与长效性，以优惠政策保障创新人才的社会经济利益回报。

11.5.2　采用多种形式，加快人才培养

采取多种形式加快人才的培养，发展多层次教育体系和在职人员培训体系。一是支持西藏高校、西藏农牧科学院等院校建立专业农牧业技能培训学校，开展在职培训学习，开办农业推广硕士研究生班；二是积极向西藏大专院校和国家“211”、“985”等高校争取扩大在西藏招收定向就业学生规模，同时每年择优选

送一批人员到这些大学进行学习培训；三是每年选送一批业务能力强的优秀人才到其他省份参观学习，既能开阔眼界、锻炼业务能力，又能掌握基本情况，加强交流和联系。

11.6 完善法规

11.6.1 加强相关法规建设

尽快制定和完善与规划相关的各项法规和政策，做到有法可依。力争在农牧业投融资、农田水利建设管理、国土审批管理、农村产权交易、农牧民专业合作社建设、龙头企业扶持等方面出台地方性法规或扶持政策，建立健全与现代农牧业发展相适应的农牧业法规、规章体系，为西藏特色农牧业产业发展提供政策法规保障。

11.6.2 依法行政，强化管理

与规划相关的法规、规章体系建成后，要加强对地方政府和有关部门履行职责、项目审批、招标投标、合同履约、建设实施、资金使用、质量安全管理等方面情况的监督检查，集中力量深入检查重点部位和关键环节，认真查找和纠正存在的问题；要强化长效机制建设，把专项监督检查与主管部门日常监管相结合，依法行政，强化管理，保障规划能够顺利实施。

11.6.3 健全监督考评机制

自治区人民政府应强化跟踪分析机制，加强对规划实施的监测分析、对重大战略问题的跟进研究，探索解决问题的新思路、

新机制、新办法，为规划的动态调整和修订提供依据。围绕规划提出的主要目标、重点任务和政策措施等领域，定期组织开展规划实施效果评估，全面检查规划的落实情况；强化对产业发展、基地建设、基础设施、生态环保、民生改善等目标任务完成情况的综合评价考核。

作者李强简介

李强，男，汉族，1973年10月生，湖北襄阳人，管理学博士。先后就读于华中科技大学管理学院、中共中央党校研究生院、四川大学经济学院、南京大学政府管理学院。系国家发改委宏观经济研究院研究员、国杰老教授科学技术开发咨询研究院副院长、中科人才技术交流发展中心常务副主任、南京大学中国基层组织研究基地首席研究员。系天津市宝坻区、天津市河西区、黑龙江省绥棱县、江苏省徐州市、广东省惠州市、云南省玉溪市、新疆自治区阿瓦提县等政府顾问及中国中信集团内蒙古乌兰察布农商银行等企业发展顾问。主要研究领域：区域经济理论与政策；产业经济理论与政策；金融理论与政策；组织理论与组织创新；创新发展理论。

近年来，先后主持和参加县市级区域发展规划和政策研究30余项；主持和参加国家和地方产业政策、产业发展规划和产业重大项目课题研究50余项；出版各类著作10余部；发表各类论文50余篇。其中，“十五”以来主持和参加的经济社会文化规划咨询项目课题主要有：

一、“十五”期间主持和参加的重点规划研究课题

1. 辽宁葫芦岛市滨海地区旅游发展规划（2004）
2. 江苏昆山市社会经济发展与土地开发利用研究（2004）
3. 中国西部生态脆弱带生态综合治理可行性研究（2004）
4. 云南玉溪市区域性空间控制性规划（2005）
5. 云南玉溪市“十一五”产业发展规划（2005）

二、“十一五”期间主持和参加的重点规划研究课题

1. 云南玉溪市国际竞争性烟草项目可行性研究（2006）

2. 云南玉溪市城市水资源保护与防洪体系建设项目可行性研究（2006）

3. 云南玉溪市区域性国际物流中心可行性研究（2006）

4. 江苏吴江市盛泽现代服务业发展规划研究（2006）

5. 淮海经济区区域经济发展研究（2007）

6. 中国矿业大学（徐州）高校科技园区产业规划研究（2008）

7. 黑龙江绥棱县“十二五”产业发展规划（2009）

8. 北京昌平区“十二五”科技与知识产权发展规划研究（2009）

9. 北京昌平区“十二五”社会经济发展前期规划研究（2009）

10. 北京昌平区“十二五”产学研一体化区域创新体系研究（2009）

11. 江苏连云港市“十二五”花卉产业发展规划（2009）

12. 天津宝坻区京津国际文化城发展规划研究（2009）

13. 甘肃省金昌市城乡一体化发展规划（2009）

14. 甘肃省金昌市金川区城乡一体化发展规划（2009）

15. 云南省利用外资与境外投资发展战略研究（2010）

16. 新疆自治区新湖农场“十二五”产业布局与规划（2010）

三、“十二五”期间主持和参加的重点规划研究课题

1. 互助担保基金的理论与实践（2011）

2. 北京昌平区十三陵明文化产业集聚区可行性研究（2011）

3. 中国（山东·邹城）国际母教文化产业集聚区可行性研究（2011）

4. 天津宝坻区京津冀区域桥头堡发展研究（2012）

5. 甘肃白银市核桃产业发展规划（2013）

6. 西藏自治区高原特色农产品基地建设规划（2014）

7. 安徽同福碗粥股份产业发展战略规划（2014）

8. 天津市河西区城市发展定位研究（2015）

9. 国家自主创新示范区企业信用评估指标体系研究（2015）

四、“十三五”期间主持和参加的重点规划研究课题

1. 四川·筠连县漆树产业发展规划研究（2016）

2. 贵州交通小康化财政金融统筹模式研究（2016）

3. 新疆自治区阿瓦提县文化立县治县研究（2016）

4. 江西省德兴市优秀传统文化挖掘、传承与保护研究（2017）

5. 田园综合体规划发展研究（2017）

6. 农村商业银行转型发展研究（2017）

联系电话：010－63908399　13910954677

邮箱：13910954677@139. com